新思維 X 新生活

重新定義愛與理解

How To Use New Thought in Home Life

(Elizabeth Towne)
伊莉莎白・湯 著
孔謐 譯

擺脫情緒束縛，化解衝突
開啟成功與幸福的新篇章

化解日常生活中的矛盾，在分歧中找到和諧

―――― 用新思維迎接生活中的每一個挑戰 ――――
擺脫壞習慣，塑造積極心態
提升自我價值，改變從心開始
讓愛成為最堅實的支柱

目 錄

I	如何減少摩擦和保持愛	007
II	生氣的壞習慣	013
III	幫助辛苦忙碌的妻子們	017
IV	專注如何消除苦差事	021
V	成功的兩個要素	025
VI	同心協力	033
VII	對付不聽話的丈夫	045
VIII	當你的丈夫不同意	051
IX	怎麼跟一個愛發牢騷的人生活	055
X	給被老公惹火的妻子們	059
XI	讓愛變成一個思維的習慣	063
XII	妻子和她的道德心	067

目錄

XIII	當你覺得你被誤解的時候	073
XIV	擺脫嫉妒	077
XV	家庭財政	083
XVI	丈夫、妻子和生意	089
XVII	婚姻是一場生意合作	093
XVIII	當你對你的環境不滿意時	095
XIX	當你不能跟你的親戚和姻親好好相處	101
XX	怎麼轉變家庭中的嘲笑	109
XXI	怎樣讓別人喜歡自己和怎麼表達自我	113
XXII	賺錢和花錢	117
XXIII	給被緊迫債務困擾的男人	121
XXIV	有吸引力的個人	131
XXV	怎樣利用個人力量的儲備室	135
XXVI	先天的印象	143
XXVII	為你的孩子營造良好的環境	147

XXVIII	父親和母親怎樣最好地訓練他們的孩子	153
XXIX	解答孩子的疑問	157
XXX	怎麼教導你的孩子新思維	161
XXXI	一個十人的家庭怎麼為有效率的生活接受訓練	171
XXXII	如何處理喜歡爭論的習慣	181
XXXIII	當你的女兒要求獨立時	185
XXXIV	與丈夫作對	189
XXXV	周邊的母親如何為他們和孩子的發展和快樂而相互合作	193
XXXVI	如何教導孩子金錢的價值觀	197
XXXVII	怎樣教你的孩子節約金錢（續章）	201
XXXVIII	關於結婚和離婚的看法	205
XXXIX	偽善者和離婚	215

目錄

I 如何減少摩擦和保持愛

據說拉金教授認為世界上四分之三的已婚夫婦厭惡對方,因此婚姻應該是法律禁止的!也有人說90%的夫妻對對方反感。

我不認同此觀點,我認為至少四分之三的已婚人士相愛彼此超過他們所猜測的。證據來自於只要有需要他們不計犧牲地為對方;就算他們可以選擇分開他們依然堅持在一起;最後但並不是最不重要的一點是:他們之中的大多數從來不去見另一個他們可以日復一日地生活的新情人,卻選擇了與他們的有著各種缺點的妻子或者丈夫共度一生。

在我看來,事實上是:大約90%不能與丈夫或妻子共處的人,在同等的條件下仍然不能與其他人和睦相處,原因在於他們總是不能或者沒辦法使自己與對方互相適應。

引起這個情況的原因是那個我們早已不再適應的舊觀念——感謝上帝,婚姻是相互束縛和擁有對方的形式。男人認為他們擁有他們的妻子,女人則認為他們占據他們的丈夫。每一個人都試圖透過讓對方做出最大部分的調整來實現

| 如何減少摩擦和保持愛

他或她的所有權。同時，每一個人在本能上厭惡和抵抗另一方的侵占。這樣就導致結果如地獄般痛苦。

甚至連愛也被困在地獄中。

假若讓外部的另一個人來侵占丈夫或者妻子，作為他們內心深處真正想要的那一個人，我們來看看他們又能忍受多快。

這讓我想起一個故事，一個男人夢見自己死去然後進了地獄。地獄並非如他從前所以為的樣子，相反，在地獄裡他發現一個地方讓他想起七月的中央公園。沿著林蔭大道，幾個看起來很高興的男人迎面向他走了過來並向他問候。其中一個叫鮑勃·英格索爾（Bob Ingersoll）的男人向他自我介紹。鮑勃說：「哦，你覺得地獄如何？」做夢者回答：「看到這麼漂亮的一個地方，我很驚訝。鮑勃善於應酬地回答道：「它相當漂亮，不是嗎？但在我們到達這個地方之前你應該早已見過這個地方。」

鮑勃·英格索爾和他的朋友為一個夢想地獄所做的，幾乎任何一個普通男人或女人也能為婚姻而做。

我是在說男人和女人嗎？不，它只需要雙方的其中一個人去開始婚姻地獄裡的重大改善——當然最好是女方開始，由於她承擔著照顧家庭的重任。但其實男人也好、女人也罷，都有能力去完成它。

女人究竟是怎麼做到的呢？女人根據自己的良知去生活，透過調整自己去適應所發現的新狀況，儘自己所能去讓自己去改善它們並避免太大的摩擦。

信念、希望和仁慈使摩擦得以去除並讓愛重現。

地獄與天堂的區別在於有摩擦與沒摩擦的區別；爭吵與合作的區別。

為了消除摩擦，你需重新調整自己。這並不意味著你要做一個門前的地墊或者一份玉米粥。它意味著那個你無法愉快地碰觸丈夫的地方，你將不再觸碰他。當你可以觸碰他的時候，你採取震動的方式代替觸碰；否則，自己走去一邊，獨自顫動。從而讓他可以自由地做跟你一樣的事情。

天堂是自由和友好合作的地方，地獄則是受束縛和充滿敵意的地域，但任何一個地獄都有轉化成天堂的可能。

假使你的丈夫或者妻子不給予你自由，將會怎麼樣？但是他只是控制不了自己。告訴你們一個提示：如果可以的話，盡量去同意他、取悅他，千萬不要激起他的憤怒。如有需要，閱讀獨立宣言給他聽，然後閉上你的嘴巴繼續做你自己的事情。

如果你保持沉默、跟隨你的內心，真理的聖靈就會照亮你們彼此並驅散所有的不快。事實上，富有信仰的妻子將使

她的丈夫得到淨化,反之亦然。

這說明,無論是丈夫還是妻子,只要相信真理的聖靈的存在及其為正義效命,都會在寧靜中保持沉默。從而她和她的丈夫都會得到真正的庇佑。

天堂可以是任何一個地方,只要那裡的人們緊密地生活在一起,享受彼此間的快樂。

婚姻是一所學校,在這所學校裡,人們緊密地生活一起,從而擁有了最好的機會去實現構思中的天堂,並將它落實到每一個細節上。

在人類的婚姻生活變幸福之前,人類仍會不停想念天堂。

夫妻間交換的誓言越少越好。不要輕易許下那些你並不能完全履行的和毫不費力地保持的承諾。哪怕是一個很少的承諾被打破都會付出很大的代價。

抑制自我,將自己的所有善意貢獻給屬於自己的工作;不要期望有所回報。給予愛和服務,期望無所回報的高度要超出你無須奮鬥所能獲取的;認識到愛和服務是給愛人者和伺候者,它們也會給他們帶來回報。如果你期望從別人身上有所獲取,你可能會大失所望;如果你並不期望從他人身上有所獲,你會發現你自己只是因為每一個轉彎處的並不曾期待過的關心和幫助而變得很開心。

培養學會欣賞別人的習慣;利用每一次可以說「謝謝你,

親愛的」的機會，但不要讓自己只因其他人忘記說謝謝而變得焦急。

拒絕並不是一種邪惡，故當別人拒絕你時也請你不要介意。繼續愉快地走自己的路，在自己的能力範圍內作出自己的決定，因為你知道在適當的時候另一個人會讓你自由地在自己的領域中作自我抉擇，正如現在你讓他能自由地做選擇。所以，寬恕所有罪過，微笑前進吧！同樣地，你自己的罪過也會得到原諒。

讓夫妻間始終相敬如賓！愛的友好可以遮蓋大多數的缺點，這並不是說以缺點作為玩笑的樂趣或者去取笑缺點。取笑的弊端在於其往往以微笑開始，以表面的擦傷為終點，因此要避免表面的擦傷。

讓以下的觀點成為你的家庭生活準則：當一方被激怒，不能讓自己也被激怒。在你做出回答之前，慢慢地去等待直到他冷靜下來。然後讓它成為真理，同時要保持溫柔。讓它作為你的婚姻裡最緊密的習慣，你就會發現它是一個抵制邪惡的法寶。

最後且最重要，要記住一個巴掌拍不響，雙方的任何一個人都可以阻止爭吵。除了放手，還要記得那些你不能為自己獲得的東西，你將會獲取你們之間共存的信念，當這需要你給予它一點點時間。當你對你們的關係有所懷疑時，保持

平靜直到愛的聖靈再次親吻你的眼角。

讓自己盡量避免緊張,釋放所有有害的東西!那麼耐心也會發揮其最佳的效果。

II　生氣的壞習慣

　　事實上，很多人承認他們甚至在玩紙牌遊戲時都會生氣，不論是去責怪他們的運氣，或者玩伴的愚蠢，抑或是其他人的古怪。

　　這讓我想起我的一個親身經歷，當其他孩子在我閱讀到某個令人興奮的故事情節時，打斷了我的思路，而此時故事正好發生到惡棍抓住了吉娜薇，旁邊的任何一個人都救不了她，而我又是如何從中克服了我生氣的習慣。當我在看一些特別引人入勝的讀物時，那時的我其實只閱讀宗教類故事，其他小孩似乎特別著迷於取笑我的各種行為。在我思考前我確實很生氣，我覺得生氣並不是我可以控制的，但我很討厭因為這樣而生氣的自己。

　　有一天，在我的冥想時間，這樣一句話在我的潛意識裡浮現，同時還有我對其他小孩的不耐煩的想法。「如果你的右手造成你的不愉快，把它砍掉、扔掉。」放棄閱讀那些對我有那麼多好處的宗教故事就像砍掉我的右手。但是聖靈已經表明它的心聲，我只好發誓戒除看小說。接下來的一年時

間裡我都沒有看過一本小說。

之後一個朋友叫我去看一本新的宗教小說，我照做了。這部小說是我所看過的最吸引人的一部！其他小孩似乎加倍熱衷打斷我的閱讀！其他所有人都加入了這場交易！我把握每一分可以閱讀的時間直至我的閱讀結束。當我意識到我已經被打斷99次，或多或少，卻不再有一次被引起不耐煩的情緒。

如你所見，在那一年我就這樣長大了，在自我控制中長大；更確切地說，我學會了鎮靜 —— 很容易地將一樣東西轉換成另一樣東西的力量。如果那一年我繼續閱讀小說，我有可能花費更多的精力在不耐煩上面，也有可能正視自己在受到中斷之事時火冒三丈的習慣。事實上，聖靈指引我去做正確的事情，而我也成功做到了 —— 我一直渴望和祈禱我能夠做到的東西便是控制好我的脾氣。

生氣這個魔鬼會跑進與生氣的人接觸的任何一個人的身上。有些人可能有較好的自我控制而不至於表現出來，但他們能同樣地感受到生氣的怒火的顫動。

當你惹某人生氣，你透過對某人說「我愛你」的心理肯定的方式只會讓對方更加怒火中燒。當你惹她生氣時，她厭惡你因而也不想你去愛她。你想讓愛成為某個人對你刻薄的可恨的舊東西嗎？當然不想啦。你只想她不去打擾你。

下次如果你想生氣時，試著透過以不安的情緒述說平靜

的手段去改變它們。保持鎮靜是驅除生氣的良方妙藥。只有在所有東西再一次恢復安寧時,才是再次述說我愛你的時候。

生氣的怒火顫動始於其他人身上;就像是你的朋友向池塘拋了一塊鵝卵石,引起圈圈整齊的漣漪向岸邊輻射;之後你再向池塘扔進兩三塊或者更多的鵝卵石,每一塊鵝卵石生成它自己的新的漣漪,也切細了你朋友製造的漣漪。生氣的效應就如上述所說——你的顫動會穿過朋友的顫動。

你知道平靜是唯一可以阻止生氣的顫動和能夠重新開始和睦的情緒的東西。

下次你惹某人生氣,你要記住這些。不要立刻抱著她跟她說你多麼抱歉;不要試圖說好話來挽救困局。如果你這麼做了,她極其傾向於離你而去,或者說出除了一般的氣話外的更噁心的語句。就讓它釋放出來吧——不要試圖「奏起和諧的樂章」,只需保持平靜讓氣氛稍微緩和下來。然後轉移話題,之後你就可以向她道歉,如果你想的話。最後她或他就會跟你妥協或者發生更好的事情。

這個準則同樣適用於生氣的小孩。責罵、教訓、懲罰,所有這些只會使得生氣的怒火愈演愈烈,直到一個有規律的心靈風暴搖盪進父母和孩子的心田裡,他們想到需要做的只有聽之任之。如果孩子被送回他的房間,而媽媽也會去她的房間,那麼生氣的怒火就會很快平息下來,那時的他們就會

發現在這種情況下更易於去理解對方。

那些有足夠的進取心先去分享平靜的父母,可以和他們的孩子一起做任何事 —— 只有那件事是正確的。

III　幫助辛苦忙碌的妻子們

　　如果我沒有改變我的觀點，我想我仍然在洗碗機旁忙碌著，且正在為家人做飯。在我的一生中，我從自身的經歷中學習到，無論是什麼我討厭或者害怕的東西向我迎面襲來，在我學會以毫無厭惡或畏懼的心情面對它並利用它的優勢之前，它會在那寸步不移。

　　生活以其獨特的方式一遍又一遍地教導我們同樣的教訓，直至我們學會理解它、對它產生興趣和富有藝術性地利用它，並發揮它最大的優勢。接著我們發現生活又將新的課程拋給了我們。只是我們的不情願和缺乏興趣使得自己纏繞在各種瑣碎的事情中。從一千個經歷中你可以知道，當你對一個任務不感興趣，你的思想和雙手都會徬徨，以致於你要花費加倍的時間的完成這個任務。那麼你為什麼不能看到同樣事情也會真實地發生在任何時候和任何工作上？

　　苦差事則是它所處位置中最好的東西。它所處的位置是一個不斷給予刺激你、防止你完全昏睡在自己的人生軌道上。它會讓你有改變東西的欲望，並能磨礪你的心智去找到

017

去改變這些東西的方法。當我的思想變得足夠睿智時,我開始領會到那些我在生活無法厭惡的東西,我可能愛上它們。憑藉著那微弱的進取心,我聽到了這樣的一句話「以善勝惡」。在想出如何將正面思考灌輸進邪惡的苦差事前,我已經在這個事情上煩惱了許久,後來我發現,其實我可以對苦差事先產生興趣,然後以一種我過去從未試過的、不同的、更好的方式完成它們。於是我將越來越多的大智慧和興趣灌輸進邪惡的體內,沒有我的存在它們似乎也能滿出來,或許是它們只是在等待被引向另一些給定的方向。

我一直期待將智慧和興趣融入新管道,但苦差事阻斷了我這種想法。將我的智慧、我的精神動力和興趣轉化成苦差事本身,這樣的事情從未發生在我的身上。我也從未有這樣的想法——我可以透過將我的愛和興趣轉變進那些普通次等的工作中來發展我的動力,好像我不得不做似的。

我就像是一個小孩——拒絕它的音階和五指練習、要求華爾茲能讓鋼琴隨著它的節拍演奏!我也從未想過相同的動作、耐心、興趣、自我控制、管理的天賦等等,能夠在我的苦差事中得以利用。只要我願意嘗試,這些都能在任何我想去做但未能達成的偉大光榮的任務中被利用。由於我不能完成那些偉大光榮的任務,我決定將我的精神力量和興趣融入那些我不得不做的事情中。直到生活為一個更適意的工作敞

開了道路，我才發現事實上我已經在苦差事上有所長進，因此我也做足了準備去投入生活賜予我們的更繁重的工作中。如果我持續地做苦差事和我的興趣總是向其他方向洩漏，那麼我將仍處於同樣的苦命之中。

現存所有好東西的外殼被古老的邪惡所覆蓋。

在我眼中，現在的邪惡意味著更加美好的事物即將萌芽。

有時「放棄希望」是獲得我們希冀事物的第一步，也有可能是最後一步。我知道只要我們竭盡全力去為某樣東西持續奮鬥，而我們得不到它只是因為應變和奮鬥讓我們疲憊不堪。應變和奮鬥於它們自身也是種疾病。

而你自己卻是健康體。

如果你能夠保持平靜和細細思索這個想法直到它把你迷住，那麼你所希冀的事物不久就會顯現出來。

所有具有治癒功效的東西都可以自我痊癒。如果你能夠付諸行動，那麼你在很久前就已經擁有健康的體魄，比如現今的你也可以完全地相信你是健康的。但是，親愛的，你依然在努力地獲取某樣東西。當然終有一天，你會實現這一切。

例如，我現在很健康並很享受這種狀態。當你感到不舒服時不妨自嘲一下，而不是自我牴觸這些情緒。放鬆舒緩自身，那麼所有正義的能量將再次回歸。

接著你要有目的地讓你的思想、情緒和行為在日復一日的生活中變得更加平穩，直到你能夠樹立起隨遇而安的習慣。「盡你所能地做好你的工作和友好對待一切。」

不要因為努力去模仿你的鄰居而讓自己備受重負。不要善於交際地提升地位。要高興和憑自己的感覺行事。

每一天要善用寧靜的時候，使精神上的喋喋不休變得平靜下來，靜靜地等待你的慾望和衝動的到來，就像是一隻貓在等待牠的獵物—— 老鼠一樣。

要持之以恆，不要變得緊張。

在適當的時候，你會開始感到生活和健康圍繞在你的身邊。在這之前，他們只能緩慢、遲鈍地爬升著，有時可能被他們所遇到的情緒風暴和精神的破裂而變得鬱鬱寡歡。在緊隨的神經迴路上他們可能會在下一個角落裡再次遭遇這些事情。

Ⅳ 專注如何消除苦差事

　　我會把所有注意力放在每天工作的每一個細節上嗎？我認為我會。在直到我能夠把工作愉快地臻於完善前，我都會把我所有的心思放在這份工作上。只要有苦差事或者令人厭煩的任務在身，你都會很確切地認為那是因為你還沒有對它產生足夠的興趣。

　　以下是這個世界上最好的集中力實驗——只需要你全神貫注在你正在做的事情上。當你使用這個準則足夠時間後，所有工作都會變得富有樂趣和被極致地完成。

　　大概這個時候你會發現你腦海中想的都是這個工作，對於這份工作充滿激情和能量，甚至能量過盛。你會將那些開心的小情緒從你的工作中摒除，靈感不會湧進你的大腦，只有你的思考伴隨著快樂回到你的工作裡。

　　假設你現在的工作就像是一個「五指練習」，學習如何運用你的手指。如果你對所有的動作都傾注你所有的心思，那麼你將很精準地完成每一個動作。如果你心不在焉的話，你的手指也會像你的心一樣，那麼你的練習就會變得懶散，

021

因為你的思維被切割，你也難以去忍受被切割。如果你練習時總是心不在焉，那麼你需要練習五次才能學會運用雙手的藝術，儘管這樣你也不可能發揮它們最大的優勢。我每天都可以聽到對街的那個女人練習音階。她漂亮地完成了一個音階，是因為她全部心思都放在它身上。之後，我感覺到她對那些不整齊也不平均的音階練習並不認真。我可以告訴你她什麼時候是開心與否，當她想到馬上要去做的那個美好的東西時，我也可以立刻知道，這尤其發生在她熬過那一個小時的苦差事。你可以看見你的手指都在試圖表達一個已被切割的心緒，那麼它們的動作都是遲疑不決的。這將會持續很久，直到她治好她的心，將她所有的心思再次放在手指的練習中，直至她的手指充滿能量。

當這一切發生時，思緒會漂浮，甚至滿出來，手指也預備著去表達各種美好的想像。這一切將是多麼愉快。

你現在明白了集中注意力對日常的工作有什麼用嗎？那麼將你的想法充滿愛的智慧去告訴你身體裡各個部分的構造。在生活的這所學校裡，你每天的任務就是音階和五指練習。在你的靈魂能夠在生活的和諧樂章中表達任何更美妙的事物前，你必須將你的全副靈魂投入到掌握這個技巧中。

將所有心思放在一個動作與否，兩者間存在著巨大的差異。在你能夠潛意識地做到這點，你的思想潛伏在一個較高

的高度上。將你的一半或者更少的思緒投入到苦差事中，最通常的做法便是草率、粗魯地完成它。這時你大部分的思緒只是在閒逛，無所事事。

　　思想是具有生命力和能量的。當你試圖只用一半的心思去完成你的工作，試圖在不同的活動中轉換，你實際上在綁架你的身體和讓它變得衰弱。對於一個充滿生命力的身體來說，每一個行動都是樂趣。無論何時你的工作變成苦差事，暫停一下，讓你的思緒可以回來，然後慢慢地深吸幾口新鮮空氣，再次振作起來繼續工作！當然這也意味著你要悄悄地把你所有的心思放進你的行動中。每一次你發現你心不在焉時，靜悄悄地但不是堅定地把它帶回工作中。這就是所謂的集中注意力，能夠實現自我控制和強迫你在一個更高的高度去思考和爬到更高的位置上。只要你準備好，無所不在的吸引力將與你飛馳而過。

IV　專注如何消除苦差事

V　成功的兩個要素

　　當一名年輕女子與另一名年輕男子戀情發展的很順利，她最終會嫁給該名男子。當這個世界很美好，很自然地像所有人，他也會很開心快樂。她往往會想當然而認為他天生就是這樣樂觀積極。然而，他只是在那段時間裡，靈魂處於最舒適的狀態。

　　女人了解控制條件和環境的法則，但男人並不如此。女人就會發現她眼前的男人只是她手中的一個沉重的物體。當失敗到來，生意失敗，她的丈夫變得意志消沉。他喜歡以不幸自居以便獲取朋友的同情，似乎也很享受自憐自惜。現在，如果他已經把他的妻子也捲入這種消極、負面的態度中，那麼他們可能會深陷失望的沼澤中以破產告終。

　　但是女方不會被拉至這種困境。當他說運氣差，她則會說運氣真好。當他顧影自憐時，她則指出他這麼說是多麼的沒有男子氣概，然後試圖告訴他，他是誰主要是取決於他擁有和沒有的東西，而不是外部所有條件的融合。

　　好幾次她發現他把臉深埋手中，想去自殺。她不會撕扯

V 成功的兩個要素

著頭髮請求他停止這樣的想法,而是坐在他旁邊跟他談論這件事,說:「親愛的,難道你不知道你這樣做會感覺很脆弱嗎?對於每個人來說,那只會讓事情變得更糟糕?你難道不知道經濟的齒輪總是在轉動,因為齒輪在向下傾斜,那個放棄希望的男人還值得稱作人嗎?難道你不知道你自己有透過精神力量控制齒輪的能力嗎?難道你不知道,透過談論錯誤的想法,如失敗、厄運等,你在削弱你的力量;相反,透過正確的想法,如成功、幸運等,你在增強你扭動齒輪的力量?」

然後她會靜靜地坐在他的身邊,精神上鼓舞他,告訴他是如何充滿希望、勇氣和自信。

最後那個男人開始相信她是對的。因為她的建議,他感覺他的勇氣大增。有一天,他告訴她,那時的他剛開始他的事業,說:「每天都灌注我這樣的想法,好嗎?」之後,每一天的每一個小時,她都做到了跟他的約定,他也堅持了下去。無論他在哪,每一個小時過去,他會透過他的妻子集中他的所有想法,同時,他知道她會治癒他的精神缺陷。她也確實做到了,不是一天,而是很多天。每當時鐘敲響,她會放下所有的工作,有那麼一會,她會在心裡想著她的丈夫,告訴自己「他是成功的磁石。」

後來產生了潛移默化的影響,男人開始感覺到自己的力量,更好地去駕馭它。如果生意不太順利,他不會像以前那

樣浪費時間在低頭沉思失敗和哀嘆,而是走進辦公室和自己說說話。他會集中他所有的想法於人類內在的能量去引出他想要的東西。他會將成功當作他的理念,當他再一次開始時,他會用自己的話證明「一切都會有的」。

若沒有先經過諮詢他的妻子,這個男人不會作出任何冒險行動;用他的話來說,是為了獲得妻子的精神支持和認同。

他總是這樣對她說:「如果你認為我會成功,那麼我知道我應該成功。」

這對夫妻就是現在人們所認為成功的典範。丈夫一個星期賺的錢比以前三四個星期賺的錢更多。沒有人給他留下財富,也沒有人在生意上陷害他。但他的妻子,透過她堅持不懈的精神建議鼓舞他的勇氣,最後建立了他內心的信仰,很容易地他也做到了剩下的。

「親愛的陷入困境的女人,相對男人,總是能更好地運用正確的的理念,而不是消極的想法。」

但這是不一定的。例如,當你的丈夫沮喪地回到家,而不是敲著他的頭,用死一般的、使人發楞的順從語氣說:「親愛的,這次太糟糕了。」然後可能掉下幾滴珍珠般的淚水在他的捲髮上。這時,能夠用令人愉快、自信的、無法被擊垮的語氣說:「親愛的,別擔心,你比障礙強大,你是一個活著的靈魂,一個無法被征服的靈魂,但障礙只是一個稻草人。」

V 成功的兩個要素

如果你花費整晚的時間去告訴他是如何聰明，他能把所有事情做得多好，那麼所謂糟糕的事情一點也傷害不了你的丈夫。相對一千次同情、傷心的目光，幾許欣賞則讓他更快地精神飽滿。事實上，前者會把他拉扯下來，就像風箏線上的石頭一樣。不要做一塊石頭，要像風箏一樣，去指引方向。

以上的故事是一個女人寫給我的。她的名字被繁多的家事保佑著。這是她根據自己的經歷寫出來的故事，故事也述說得很清晰。為了其他夫婦的利益，我得到她的批准把她的故事發表在書上。但是我不能告訴你她的名字，所以我們叫稱她為瑪麗吧。

如果瑪麗是傳統那種依賴於男人的女人，那麼我相信她的丈夫不會從他的沮喪和失敗中振作起來。有些事情沒辦法獨立去完成。當然一個強大的、自立的男人有可能不需要幫助就可以做到這些。但一個性格像瑪麗先生的男人則需要心靈的雞湯。

「當兩者都同意碰任何東西，就應該對著他們那麼做。」這是通往每一個偉大的成功的鑰匙。

「滿懷信念的妻子應該洗淨丈夫的罪孽」並不是隱喻。自信的妻子應該將丈夫的恐懼變成信念，將他的憂鬱變成快樂，將他的惰性轉變成積極的行動。

對於每一對已婚夫婦來說，無論他們是快樂地，還是不

快樂地結合在一起,以下要說的是永恆不變的真理。那些沒辦法單獨完成的東西能夠很容易做到,只要他們能將他們的差異撇去,然後結合在一起。

在丈夫與妻子之間,總有差異、評論和爭吵,這些會使雙方失去勇氣,讓他們感覺到很失敗。

相互聯合意識的缺失是導致婚姻失敗的礁石。

再想深一層,正是因為互相聯合意識的缺失導致世界毀滅自身。

真正地說,聯合將更有力量。一個男人,無論他多強大,沒有女人的愛和關注,沒辦法做到最好。無論一個男人單獨獲得的成就有多高,有女人的支撐,他能獲得的成就將更高。

同樣地,一個女人,無論她多強大獨立,沒有男人的愛和關懷,也不可能做到最好。無論她獨自達到的高度有多高,有了男人的陪伴,她的成就將更大更輝煌。對於男人和女人來說,單獨工作都不好。除非個人與別人聯合,否則他(她)只是一顆原子。

生活就是一所學校,為了共同的利益,個人學習跟別人聯合。在這所學校裡,婚姻就是最重要的課程。

你將婚姻的優勢發揮到極致以獲得共同的好處,在瑪麗的信中將提到一些特定的方法。

V 成功的兩個要素

但是要是你的丈夫不會聽從和按照瑪麗所說的去做,該怎麼辦呢?依然採取同樣的策略,不過悄悄地行動。你可能依賴於它,透過無法看得見的愛的絲線把你們綁在一起,你的丈夫會收到你的每一個愛的訴說。

不過在你跟你的丈夫之間根本沒有愛的絲線。難道你不相信嗎?沒有這些愛的絲線,你們可能會像兩條分開的鋼條一樣。所有的結婚典禮、繁文縟節、國王的馬匹、僕人都不能將你們再結合在一起。只需要撇清差異和批評,你們就會成長在普遍的個人的愛的意識中。愛的絲線會將你們綁在一起,互換你們生命所共有的靈魂血液。

你知道誰是你真正的伴侶,他是你的丈夫嗎?親愛的,不要太確定。讓時間來告訴你一切吧。同一時刻,放下所謂的靈魂伴侶,和你的丈夫工作吧。那麼你將會更好地享受到你認為的靈魂伴侶,前提是你了解他。(如果你想繼續)因為你把你的所有心思放到全力以赴去完成這件事上,你會更快地投入到這門課中。

當然,沒有伴侶的陪伴,沒人可以做到最好。但在這之前,去獲得伴侶的認同卻是一種對彼此的不幸和失望。所以不要太急著去跳過你們現在的課程,否則你會發現你和你的伴侶還未滿足適當的條件去跳級,那麼你們可能要花一生去擺脫對彼此的失望。

「讓匆忙的腳步慢下來」、「無論你的雙手發現什麼,用心去做事」。

個人靈魂的自我滿足與自豪感勝過靈魂伴侶的一個擁抱。

V　成功的兩個要素

VI 同心協力

以下是我寫給 R.M. 的信中所說：

恐怕你的問題就是你總是從自己的角度出發，想法太狹隘了。你的同情只是給你自己的，你為自己找藉口，卻埋怨你的丈夫和種種客觀條件。如果真的如上所述，你就在錯誤的軌道上了，只會不斷的遇到失望。

但是你很年輕！所有的年輕人或多或少都很自私和以自我為中心。只要年輕在，希望就在。

但是我懷疑你的心卻向著錯誤的方向。對於我來說，改善你的條件的方式就是將你的愛、能量和獨創性投入到為你的孩子和丈夫創造一個美好的家庭，將每一張紙鈔發揮出兩張或三張紙鈔的功效。尋找丈夫的優點，放大它並美化它。學會去欣賞他和愛他，因他而感到欣喜。讓他知道你會為他做這世界上的任何事。用你的雙手為他創造一切，為他建立一個滿意的家庭生活。這是一個男人靈感和成就的根源。缺乏一個能幹有愛的妻子作為靈感繆斯，沒有一個男人能夠事業有成。

VI 同心協力

如果你把你的想法、能量和愛融入到家庭生活中,不久的將來你就會看到他在事業上表現的更加卓越。

用意志力去練習你的新思維。你最深層的思維一定會找到他生命中的循環。作為讓丈夫信任的妻子應該使他的丈夫神聖化。忠誠和有信仰的妻子應該鼓舞她的丈夫。你自身的每一個好的想法都會在你的丈夫身上產生印記。解決你自己問題的關鍵是你自身靈魂的自我救贖。發現自我,用你的力量、愛、智慧去實現自我的統一性、自我世界的再創性和再生性。

難道你不認為,剛剛你不能做你想做的,那麼用你的意志去做你能夠做的事就是最好的嗎?如果你不能擁有你想要的東西,那麼去攫取你能夠擁有的吧,然後把它的優勢發揮到極致。

效益、健康、快樂和成功是你和他能擁有的東西,要平靜和知道這些。

對在正確道路上的人們來講,除了你自己沒人可以為你做決定。發現自我,讓愛的精靈去領導吧。但要記住無論你和你的丈夫做什麼,你們都要一起去完成。無論在哪裡他沒有拉上你一起,你一定要改變你的策略並保持和他一起。只有這樣你才能獲得你想要的。你必須對你計劃去做的事意見一致。如果你認為你懂得比他多,而且不管他的判斷和意

志,堅持讓他去以你的方式去完成,那麼你們的婚姻一定會觸礁。一起工作,同心協力,否則就不要強制性合作。

以下是關於同樣的話題,只是是寫給 B.G. 的信中:

如果我有一個好丈夫突然性情大變,我一定會認為他病了。心理疾病或者生理疾病,或者兩者兼有,我都會以上述的方式對待他。這意味著,當他發脾氣時,我會保持沉默,我會避開任何一種可能惹他生氣的方式,默默忍受疼痛。我會告訴孩子們他們的爸爸病了,就是爸爸出了點小毛病,不過不久他就會痊癒的。然後我會在沉默中,肯定他的健康和成就,尤其是在他熟睡時,我會永遠記住他對我好時的樣子。而且我任何時候都不會放棄,他會走出「疾病」、再次變得英俊和美好或者更好的信念。現在的他有可能是因為他過著工作繁重且單調的生活,以致他的勇氣變得支離破碎。

對於你聰明的兒子們,他們可以從你身上學到美好的禮儀、關愛善良的一切。當兒子從父親身上看到壞的榜樣,他們本質上厭惡面前的壞榜樣,自身的言行就會變得特別好。這樣的情況常常發生。假若你自己過著一個美好的生活,你沒必要去擔心這些。

但是有一兩件事歸功於你自己和孩子。你有可能過度工作,就像你的丈夫一樣。你必須用自己的感官和最好的思維去中斷你的工作。每天不要工作過多的時數,拿出一點時間

VI 同心協力

去休息一下並和你的孩子娛樂和玩耍。只有花費足夠的時間在這上面，你每天醒來才不會覺得很勞累和整個早上都感到很疲勞，也不會每個晚上睡覺時特別疲累。你必須讓你自己保持生理上好的狀態，否則你肯定會走下坡。為你的工作做準備，那麼工作量會變得更少。我知道這不容易，但你的心智對於它來說地位平等。堅持閱讀書籍和練習新思維。

每天在所有事情外留下一些時間給玩、休息和娛樂，不要讓其他事情妨礙到它。和你的孩子到郊外的森林去玩耍。這是讓你保持健康和理智的方法。帶上你的新思維書籍，躺在草地上閱讀和休息，陪伴你的孩子玩樂。每天有一個固定的野餐，不久你就會發現你自己變得越來越強壯和開心，充滿想法和靈感，以致你會解決所有你交由我處理的事情。繼續去贏和堅持下去，不要讓任何東西干擾到你每日的戶外野餐！不要介意你丈夫所說的，要記住他也只是過度工作，他並不對他所說和所做的負責。只需要你和你的孩子每天出外野餐形成美好的修整，之後你就會發現你的問題都迎刃而解。讓我告訴你，生活的樂趣在於你那種解決生活中的問題的力量，如我前述的日常野餐會讓你儲存起生活中的樂趣並使之豐富。沒有別的東西可以代替它！

漸漸地，你會發現你的丈夫與你步調一致，變得更好。有可能你會發現有一天他會和你一起去野餐！你的問題是你

過度工作導致生活似乎是一個單調的折磨。每日的野餐是唯一可以讓你打破單調生活的東西，並讓你能夠重新恢復熱情、聰明的想法和堅定的意志去工作。

但是，你不能夠離開你的丈夫，卻在法律外保留這個位置。就在這裡和他一起創造成功的生活吧！加油並持之以恆。這條道路充滿樂趣、教育和變化。但是你要確保你和孩子一起學習關於農場的雜誌和書籍，並利用最流行的時尚去完成你的工作。農場工作之外，孩子會獲得非常好的教育，閱讀之外你也要和他們一起去體驗。當他們慢慢長大，不久的將來，他們上學的路就會慢慢開啟。如果他們短暫時間不去上學，這不會損害到他們。新教育者告訴我們教育的新哲學——在孩子10歲或者12歲前，他們不應該被送到學校去學習。那個年齡後，他們會學習的很快，也會很快的追上同年齡的孩子。

唯恐妻子們認為這是一個片面的章節，以下是我要對丈夫說的：

你是否閱讀過莎士比亞（William Shakespeare）的《馴悍記》（*The Taming of the Shrew*）這本書？看看它吧，照它說的去做吧。可能你可以和你妻子一起應用這些技巧。它有時發生在抱怨唯一可以治療她的女人身上。她們認為男人應該和他的妻子大聲吵鬧連續兩分鐘以上，之後他應該離開屋子，

VI 同心協力

走出屋外直到妻子找到他。我知道醫治嘮叨的一種方式就像這樣的劇變一樣。

有時它需要隔離去治療嘮叨。我用過這種方法去治療孩子的鬥嘴習慣。這在「怎樣訓練孩子和父母」裡面可以找到相關連結。這種方法適用於任何一個年齡階段的孩子。

無論你何時在家，你可以在你的孩子身上練習隔離這種方法。

當然你不可以強迫你的妻子進房間，然後坐下等她恢復自我，但是你可以自己走進房間直到她去找你。這種方法很奏效！如果你們夫妻倆為了孩子的利益去使用這種方法，你發現相對你自己去教訓他們，兩種方法間的差異。

有可能你是一個嘮叨者！當你的妻子開始責罵時，你可能總在拽著那張破布。我知道有一個男人過去常做這件事。他可能說了一些小事以致他的妻子開始責罵，然後他會背對她並竊笑，慢慢地等待直到她的責罵聲減弱，於是他又會說一些挖苦的話來開始她新一輪的責罵。

你知道一個巴掌拍不響，只要其中一個人不吵就可以阻止吵架的發生。往往是那個頂嘴回去的人造成吵架。

我的父親和母親在他們結婚時定了一個契約。那就是當他們其中一個生氣時，另外那一個要保持冷靜直到怒火消

失。他們一直堅守他們的諾言，因此他們從未吵過一次架。這種掐斷萌芽中吵架的方法並沒有專利。為什麼不好好利用它呢？

為了孩子們好，大家一起合作。他們比起你們夫妻的吵架更加重要。控制自己的情緒，將自己全心全意投入到撫養孩子。這樣在了解你們的差異前，它們已經被消除了。

接下來要介紹的方法是對付愛嘮叨者的對抗療法。莎士比亞曾經描述過它。如果它被一個聰明無畏的愛人用到恰當的時間和地點上，它就會奏效。

接著，要介紹新思維療法，應用它並不太痛苦，它適用於很多案例。

根據新思維的原則，馴悍是一件保持沉默的事情。你將心緒平靜的藥劑注射在你身上，不久後，愛嘮叨者的心靈就會接收到那份和緩。

當它關係到你要捍衛自己的權利時，爭吵就會變得無止盡。如果你是一個追求絕對公正的頑固者，那麼吹毛求疵就沒有終點。和諧就是愛，愛會使吹毛求疵消散並覆蓋所有的不愉快。愛能很容易地被給予，以致沒有吹毛求疵和不愉快的存在。

可能有必要一年為你的權利捍衛一次，但是天天為你的

VI 同心協力

　　權利捍衛就只是一個很壞的習慣。坐下，放手吧，如果另一半想要的話，就讓他拿走你的權利吧。你依然留下很多你的權利，例如微笑和輕視的權利。

　　每天要不得不去打架而獲得的權利，並不值得讓你去培養這樣的壞習慣。

　　憑良心，放手所有的權利，那麼你會發現你的另一半也會這麼做。

　　如果打架的話則永無止盡。

　　用信念和友好打敗打架的壞習慣。

　　不用說話你就可以帶走你所有真正的權利，但你不能用你的舌頭來獲得你的權利。保持平靜和知道防衛的最好方法就是一串委婉的回答。

　　接下來是我寫給一個剛結婚但不知所措的年輕女子的一封信：

　　你的主要問題是你沒有太多的事情可以去做。因為你對你的生活沒有重要的目標，你的心被瑣事填滿。你花費你整天的時間在心裡繁殖那些愚蠢的小東西，以致如果你有更重要的事情去占用你的精神和體力，你會馬上忘記這些。

　　我猜你應該有孩子，只是你一再避免有孩子這個事實的發生。世界上有好多女人在犯同樣的錯誤，她們還沒察覺這

是一個錯誤直到她們老了怕了。

從你的信件可以知道,對於我來說,你似乎就是跟與你同住的衛理公會派的親戚一樣無法忍受和瑣碎的!而且你在逃避你生活中所有重要的東西,那就是你的公婆占據生活的主要終點,例如照顧孩子和建造一個家庭。他們,還有他們的兒子,一定是對你有點失望,難道你不這樣認為嗎?

你需要為你的能量找到一種徹底而且好的發洩方式,否則你會變得越來越差以致你會認為所有人都在反對你,其他人認為你說的或做的都不對。

你心裡關於批判和藐視的想法會越長越大,直到它們衝破愛的連結 —— 那條維繫你跟你的家庭的婚姻繩索。

阻止你遠離丈夫的,唯一方法是去找到生活中的合理意圖和將你自己投入其中達到某個程度,那麼你就不會只留意或者介意那些你的其他家庭成員所說或沒說的事情。

說到一個合理的意圖,湧進我腦海中的第一個事就是養家餬口。但是可以肯定的一點是除了你和你的丈夫,沒有人可以為你們決定這個。當你們在同一個意圖、孩子或者其他任何事情上達成一致意見,你們就是成功的。

「當兩個人在面對任何事情時達成一致意圖,那麼這件事情就是由他們去完成。」聖經上是這樣說的。這個也是一個

VI 同心協力

自然法則,而不僅僅是遠離宇宙的某個神所說的一個果斷的承諾。

相對於養家餬口,我想不到另一樣更偉大的事情可以讓這世界上的一男一女能夠去做的。我不是指一個大的家庭,而是一個好的家庭。瑪麗和約瑟夫組織了一個美好的家庭,就是養大了傑西,也就是我們說的救世主。

但是如果你只是不能或者不會有孩子,那麼去找一些其他極好的意圖。試試領養別人的孩子!或者透過育幼院、社會救治中心、社會服務所,將你自己投入類似這些偉大的慈善事業中。選出一個好的意圖可以讓你的丈夫和你一起參與,然後你們一起去實踐它。

抑制自我,奉獻自我:這就是開心和發展的規律。

你可以用善良感化邪惡。你也可以用愛和堅定的意志去擺脫瑣碎的東西。但是產生愛和堅定意志的唯一方法是每天在一些具有正面意圖的工作中運用它們。

你最大的問題可能是你是一個傑出強大的執行者,你總是需要很多工作,試著去領導,而不是像在安逸的花叢中的蝴蝶一樣。請原諒我這麼混亂的暗喻。

衛理公會相近的法律可能代表你自己的道德,驅使你去行動!醒醒吧,忙起來吧,這樣你就會忘記那些無關緊要的小事。

一位女性和她的家庭處於冷淡期。以下是我對她說的話：

問候和友好！找出你在沉思什麼，我並沒過錯。很多女人留下她們的丈夫和年齡稍大的孩子留守家園，自己卻帶著年齡較小的孩子在鎮上上學和賺錢。這在荒者生活的壓力下，有時候會有幫助。很多女人像特洛伊（Troy）的勇士一樣工作，他們幫助照顧孩子並扶持家庭，讓一切事情變得更容易。你心裡想著去做的事，相對於成千上萬其他高尚的婦女所做或者做好的，並不多很多。

但是我對你在工作時的精神有異議！很明顯你做這些並不因為你愛人們，去幫助他們聲討索償，去實現他們為之奮鬥的理想。從你的信中可知，你總是在犯同樣的錯誤，直到你只看到你身邊的錯誤，其他什麼的也看不到。這讓你怨恨和抗拒家庭中其他成員想做的。你在忘記你的新思維──所有的事情合作在一起是為了好的一切。如果家庭成員緊密結合在一起並一起努力工作，那麼所有要求和理想都會實現。你想做的可能是十分正確和最好的可能的事情，這點我絕對不會懷疑。但你在做這些事情時的心態是不正確的，對於丈夫、孩子或者你自己來說沒有幫助。

你需要的是我的《能量之源》（*The Life Power and How to Use It*）的書籍裡的一個課程！看看它吧，在接下來的六個月的每一天，一次一章或者兩章。融入它裡面的精神裡和讓它

在你身上展現。

在你進入這種精神境界後,將這些告訴你的丈夫,也可以告訴家庭中的其他成員,據此獲得他們對你所做的事的贊同和善意。然後明白到你對於他們打算去做的事並無惡意,讓所有家庭成員合作在一起去保留要求和發展它們。

在這封信中,與你相關的錯誤在我面前一點都不像錯誤,他們就像好的東西,為了你和你的家庭去爭取更好和更高境界的美好。要保證你會進入愛的精神境界和在工作中運用它。荒者的生活是艱苦的,還需要我們的新思維。

爭取去贏和堅持到底,平靜和成就就會來到你們美好家庭的身邊。他們都是為了輝煌的事物去工作,我也知道你想要幫助他們。當人們努力工作,為了偉大的事物而奮鬥,為了他們偶爾說的相反事物而加油,我們一定對它們寬容,讓我們自己的靈魂為人類的美好善良閃耀光芒。

VII　對付不聽話的丈夫

　　接下來要說的是一個放棄音樂生涯而去結婚的女人。她的丈夫承諾讓她繼續她的音樂學習，任何時候她想的話。她的婚姻不是一個快樂的婚姻，但是她的丈夫現在拒絕讓她繼續她的音樂生涯。她是非常有天賦，且很努力地獲得現在的成就，但一想到要放棄她的音樂就鬱鬱寡歡。她想知道究竟做什麼才是正確的。以下就是我寫給她的話：

　　對於我來說，如果我在這樣一個位置，我當然會用自己的雙手控制一切，繼續我的學習和音樂生涯。

　　但從你信裡，可以判斷得出：你沒有孩子，你也沒有足夠的地方去釋放你的能量。一個像你這樣性格的人不可能在這樣的生活中追求活得長久和保持健康。這意味著婚姻的停滯和觸礁。你可以把一隻百靈鳥放在一個直徑約十五公分的籠子裡，然後期望它會長大。

　　如果我站在你的立場，我依然平靜如我，但我的丈夫不聽我的解釋，我就會竭誠地跟他說下不為例。我會告訴他我打算徹底地重新開始我的音樂工作，我也會同時盡全力做好

VII　對付不聽話的丈夫

作為一個妻子的本分。之後我就會閉上嘴巴,然後行動,而不是猶豫不決,或者靜靜地坐在那裡,或者發牢騷。當然,這樣案例中的丈夫會被氣得像一匹發瘋的野馬。他會跟你吵架,直到他發現這樣的方法已不奏效和發脾氣已不管用了。然後他就會調整自我。如果我已做到我該做的部分,他也當然會完成他的工作。

換句話說,如果你跟隨你內心的選擇,用愛和友好對待他;對他堅定忠誠;給予他自由但愛他;他不久就會對這種無可避免投降,去調整自我,開始為你的成功感到高興。

但是要確保你自己在這件事中的態度是正確的,同時你要用充滿愛的友好去對待他。

如果你能夠做到這些,並正確地完成,你就會發現你的良心感到絕對自由,你也會發現你的丈夫和週遭的環境在調整它們去幫助你。據說如果一個人知道他要往哪個方向走,那麼全世界都會為了他改道。不僅如此,而且全世界都會為他轉動去幫助他。這一點是很真實的,因為他知道他自己前往的方向。

但是沒人會幫助一個坐在約十五公分寬的籠子,只對著那些籠子的欄杆拍打他的翅膀,卻忽略那扇開著的籠門。

現在我已經告訴你如果我在你的位置我會怎麼做。無論我多愛我的丈夫,我都可能會這麼做。我會這麼做是因為我

知道沒有人能夠缺乏適當的發洩方式而生存著。上帝賜予能量給他讓他能工作，並需要釋放出來。如果沒有其他東西的話，我會用自我保護模式來完成它。

你需要做的就是問問你的內心，究竟什麼才是你正確的追求。在你得到恰當的引導前請保持平靜和聆聽。

當你得到正確的指導後，振作並行動。一旦你走上開荒的道路，不要回頭看。不要對自己有所懷疑，不要產生類似究竟我這樣做是對的還是錯的這樣的疑問。

畢竟，你做什麼和你怎麼做都沒有那麼大的關係。

如果在你的思維裡，你覺得自己像水一樣不穩定。如果你總是瞻前顧後再做決定，回到你的決定之初，重新再做一次決定。如果你總是猶豫不決，無論你做什麼或者做什麼的選擇，你都不會進步。花點時間去考慮一下吧，相信自己內心的選擇，聆聽自己內心的聲音；然後繼續努力和堅持下去。開心地、冷靜地、對自己和上帝充滿信心地完成它。相信上帝會幫你考慮周全，相信上帝會為你和與你相關的一切帶來平靜和再調整。

下面是我給一個女人的提示，她的丈夫並不好和順從！

你和你的丈夫被看不見的神經和動脈束縛在一起，你的最深處的想法肯定會在他的身上循環。「忠誠的妻子應該使她的丈夫得到淨化。」慈愛和忠誠的妻子應該鼓舞她的丈夫。

VII 對付不聽話的丈夫

妻子身上的每一個好的想法都會在他的身上留下印記。

解決你的問題關鍵在於解救你自己的靈魂。用你所有的力量、愛和智慧發現自我和你的特性,利用你的愛、力量和智慧為你自己的世界進行再造和再生。

難道你不認為剛剛你不能夠去做你想做的事,那麼用你所有的意志去做你能夠做的事是最好的嗎?如果你不能擁有你無法享有的東西,那麼就去爭取你能夠擁有的,並將它最大的優勢發揮到極致。

至於對人類來說正確的道路,除了你自己沒有人可以為你決定。發現自我,讓愛的精靈引導你吧。然後記住無論你和你的丈夫一起做什麼,你們是在做同一件事。而你們無論做什麼都分開,那麼你們會被分離、分開,甚至離婚。

無論在哪裡他不能或者不想跟你一起合作,你必須改變你的策略並努力將他和你同心協力。只有這樣你們才會待在婚姻的殿堂裡面。

無論你們在計劃做什麼,讓智慧、愛和時間指出一致的路徑。如果你認為你懂的比他多,而且你不管他的評價和意願,堅持讓他按照你的方式去做,那麼你們的婚姻肯定會觸礁。

一起工作。

同心協力。

否則就不要在一起。

保持平靜和了解。

如果我在跟你的丈夫談話，我會跟他說同意的話。分開需要兩個人才可以實現。所以任意一個人可以阻止它的發生。但是這不意味著為任意一個找藉口，大家都對此有職責。

放開，信任，知道當你們工作在一起時所有的東西都會為好的一切合作在一起。

這個建議針對 999 樣會讓妻子和丈夫分離的事情。女性改革和婚姻重組可能會在十年或者一生中可發生一次。在這樣的情況下，要確保你們是正確的，然後用你們的力量去解讀暴亂行動，重申新的法則並運用到真實生活。

之後，閉上嘴並生活在這種法則之下。

很少男人會屈服並服從，並不害怕。

除非你已經看過你演練過 999 次。

VII 對付不聽話的丈夫

VIII　當你的丈夫不同意

在我面前，有一封來自一個女人的來信。這個女人的丈夫因為他的妻子相信新思維，假裝去認為他的妻子並不愛他。以下是我給這個女人的回信：

你的丈夫認為你的新思維是你不愛他的證據，這聽上去確實很荒謬。

我在想他是否認為要表達你對他的愛應該暫停你的呼吸和消化系統呢？我在猜想他是否認為你可以停止思考，甚至你的想法只是瘋狂的一種形式！當然你不應該按照他想的去做。這些都是作為人類來說最基本的東西，你不能夠為了取悅他人而改變你的想法。

如果我在你的位置，我會平靜地、徹底地跟他解釋清楚。讓所有的多愁善感遠離解釋。向他陳述事實。告訴你對於他並不是一個新思維者，這樣的事實很失望，但是你願意去給予他特權去想和做，只要他認為是正確的。這意味著你不能認為他不愛你，因為他也不能這樣去猜想你。告訴他，自我保護的法則迫使你去保留你想法的獨立性，同時你

VIII　當你的丈夫不同意

必須允許為你自己去吃、呼吸和思考，因此你所有的行動必須是自由的。告訴他，如果他對於你的想法更加容忍，你就能夠給予他更多的自由，那麼你會愛他更多。告訴他你會盡可能地細心，不會將你的想法強加於他的身上，而且你相信他會細心到不會將他的想法充斥你的腦海裡。

在平靜地以這種方式陳述了你的想法後，慢慢地自信地按照你的想法去行動。盡你所能地愛與被愛，知道在不久的將來事實會剷除你們之間的所有困難。

在一些方面，你會發現他也這麼做了，在很多方面，他也意識到你的想法的正確性。這就是婚姻的內涵——兩個生命的妥協，兩種想法的交會。這意味著兩個想法截然不同的人最終會意識到其他想法跟他們的想法一樣真實。

相信愛的法則會圍繞你的身邊，在孩子面前不要太注重他的言辭。

如果我處在你的位置，一旦兩個人之間關於新思維或者其他類似的想法存在最輕微的緊張局面，我會很確定我會馬上站起來離開這個房間。我會平靜地離開房間，確保這場暴風雨會停止，之後開心並充滿笑容地回到房間。在他有機會說出任何極端的事情前離開房間。當然他會透過具有壓力的情緒說出來，他所說出來的並不是他冷靜時和內心所認同的想法。別讓任何一樣東西激發他這種情緒，每個人都會犯這

樣的錯誤。對於這樣的言辭不要太介意。忘記你所聽過的這樣場合下的話。在他被激怒前，放開你自己。對愛的精靈信任，因為它會在你們之間發揮作用。

我不會停止我的新思維閱讀，或者我的課程。我也不會把這些東西藏起來。我會將它當做一門課程來實踐，就像我每天吃飯一樣，我會盡量在不引人注目的情況下完成它。

刻意隱瞞它們並不會有好處 —— 它只會在表層下造成潰爛，那麼遲早並注定要爆發出來。對於已婚夫婦來說，絕對的坦誠是唯一安全的平臺，儘管有時也會有那麼一點小戰爭在這個平臺上爆發。這並不意味著你要謹小慎微地彙報你的每一個行動，它只是意味著不允許你對生活的一般行動有半點虛假的印記。

在所有事情之上保持甜蜜和信任。保持平靜並知道我就是伴隨你的上帝。記住愛的精靈可以是你，並會將所有事情轉變為美好的結果。

VIII 當你的丈夫不同意

IX　怎麼跟一個
愛發牢騷的人生活

　　愛默生（Ralph Waldo Emerson）說過：「若有力量的人想讓我生氣，我便對他們都不會有半點好奇。」如果你對他的態度沒有絲毫的反應，那麼沒有人能夠透過他的精神態度影響到你。除非你在某種程度上被另一個人的精神態度所撼動，否則沒有事情會或者能夠影響到你。

　　相對嘗試去克服這樣的條件，不如像別人那樣去接受它，但是保持你自己正確的態度。

　　要記住，每個人都有權利犯錯。

　　如果有人喜歡抱怨，就隨他們吧。

　　善意只屬於那些給予它們的人。

　　愛只會愛那些愛人的人。

　　華特・惠特曼（Walt Whitman）在他的一首詩裡說過：因為他散播無條件的愛，他就會充滿煩惱。同時，他也說過，他在沒有無條件的愛之下創作了所有的詩歌。

IX 怎麼跟一個愛發牢騷的人生活

這個原則在生活的較小連結上也適用。當然我們在某個程度上也需要互惠,但是我們只有在自身本分的基礎上才會獲得它,儘管我們獲得的並不如我們所期望的。

如果你對你身邊所有想法不同並不介意,而且保持態度盡可能地愉悅和聰慧,你會發現一切更容易忍受。

你的想法就像是你自己的王國,如果你願意你可以統治它。將注意力放在你身邊那些好的品質上,並把其他的忘掉。如果沒有別的地方,它就會在你身上產生效果。如果你真的去實踐它的話,你會對於你如何成長感到很驚訝。家庭中大部分不和諧的產生是因為有人只去想那些不愉快的東西,或者那些對於他來說別人的不好的性格。這些不好的品質會旋繞在他的腦海,並被放大直至他們將所有一起覆蓋住。

不要讓你身邊的態度催眠到你。

放大並頌揚美好的,並看著它茁壯成長。

下面摘抄我某天在《薄伽梵歌》(*Bhagavad Gita*)裡看到的一段:

「人,沉思於物體的感官中,對它們有所依戀;從依戀中孕育慾望;由慾望導致怒火的到來。由怒氣帶來欺騙的產生;欺騙會使我們的記憶產生混亂;由混亂的原因會導致理性毀滅性;由此也帶來了摧毀。

但是自律的自我在感官事物中移動,在吸引與排斥中得到自由,並由自我去掌控,走向和平。

你被全人類所感到困惑的事情所折磨,唯一的不同在於你們所依戀的東西有所不同。實際上有可能沒有這麼多的不同。可能你的鄰居對金錢十分著迷,對它極度地迷戀。當你擁有的金錢比她的多,她會將自己帶入一種她認為是正義的怒火的狀態中。這種狀態會讓她做出你認為卑鄙和無恥的事情。同時你沉思於她對你的對待,你對她產生厭惡;由此,憤怒產生,欺騙和混亂的記憶,最後破壞理性並帶來接下來的毀滅。

你們共同的問題是你們依戀於自己的方式,你們的感官也是透過這些來吸引和排斥。隨之而來的精神煙霧使你們的記憶迷糊和困惑,或多或少帶來理性的毀滅。

治療你們彼此的方法在於規範自我在感官事物中的吸引與排斥間的感官自由,透過自我來控制一切。然後再以你自己的方式平靜地走下去。平靜是愛和上帝能夠浮現,並能透過你表達出來的狀態。

我知道任何一個人都可以訓練自己的想法和感覺,只要你足夠願意去實踐。唯一的問題是走舊路總是比用雙手去實踐、訓練你的想法、對你的鄰居表現友好容易。堅持著做上

述所說的事情,直到你讓自己變成一個清白的、守紀律的人,對愛和上帝的感覺向所有的人和東西隨意地釋放出來。

不要在這條路上自欺欺人。它能成功與否全依賴於你是否願意去完成它。

X　給被老公惹火的妻子們

　　實踐新思維，在這件事上跟隨你自己的精神領袖。如果我站在你的角度，我會讓它排除在外並由我自己決定。沒有人可以告訴你應該怎麼做，除了你自己。就像你的丈夫做出使你的活力懈怠的事，究竟意味著什麼。在某些事情，這可能是任性。你可以將你自己埋首於家事中，跟外面的人很少碰面。重新想想，然後下定決心究竟什麼才是為了再次調整而應該去做的，那麼你就能收穫生活中的能量和快樂。如果有必要的話，解讀你丈夫的暴動，放下你所堅持的或否決的法則。除此之外，讓他知道他必須尊重你對新思維文學的渴望，無論何時或者何地你感到快樂你都可以擁有它和朗讀它，你不允許他以任何方式干涉你。

　　如果可以的話，解釋給他聽，透過新思維，你獲得愉悅，同時它讓你擁有健康。告訴他你擁有它的話會給你帶來了好處，你也可以保留你自己對它的判斷而不是由他做出判決。讓他知道你把自己看做一個擁有獨立內心的個人。相比他，你自己能更好地做出對自己最好的決定。如果你一次把

這些跟他說清楚,並堅持你的決定,那麼你不會再遇到什麼麻煩。從他的照片,我判斷他是一個很直率、寬厚的夥伴,在他的路上老是跌跌撞撞,直到他遇到一個急轉彎而停下。對於我來說,似乎你必須給他一個提醒,讓他意識到你是你。有些東西你必須自己去擁有,因為你自己選擇了去擁有它們。

除此之外,確保你擁有足夠與他人友好的關係。去參加一些小聚會,或者去教堂聯誼會,或者去新思維會議,或者加入一個女子俱樂部。然後盡你所能地獲得之中的樂趣和愉快。做你最喜歡的任何或所有的事情,但是帶著善意和規律去做其中的一部分。一個沒有孩子的四十歲的女人必須有一些社交發洩管道,無論她有一個什麼樣的丈夫,否則她會變得陳腐。

在這件事上可能沒什麼大不了,除非你自己在他的面前都不維護你自己的權利和表達你自己的觀點,於是你就只會讓他控制你自己。不要再這樣!做你自己,享受自我和他自己。如果他不喜歡這樣,讓他忍耐,直到他對此感到疲倦。換句話說,發現他的個人特性。在他察覺到生氣對他沒有好處前,讓他獨自生悶氣吧。如果他堅持要生氣的話。同時無論他選擇做什麼,做一個聰明、光芒四射的自己。如果你是那個適合的丈夫,如果你真的很在意他,他也很在意你,那

麼就不會有什麼危險，之後你們都會發現自我。婚後的第一年或前兩年是最難熬的，因為它會帶來調整。你需要非常認真地對待它，並下定決心去闖過它。

你的丈夫給你一些零用錢，你必須堅持用你喜歡的方式去使用它。一個男人嘗試阻止一個女人以她喜歡的方式去花錢，這是不文明的。無論是什麼樣的婚姻，婚姻都是一個神聖的制度，它應該多少建立在物質的層面上，更多關注於男人與女人之間良好正直的商業準備。藉此，女人被給予了她自己的生活和金錢，她也應該按照她的喜愛去使用。每一個丈夫應該讓他的妻子以她的方式去使用零用錢。如果我依賴於我的丈夫，我會讓事情變得緊迫起來，那麼他不是給我一些零用錢，就是離開我。

除此之外，要知道我現在了解什麼，在我們之間有一個明確的協商前，也就是他應該給一定金額的零用錢之前，我不會嫁給他。我不會嫁給任何一個讓自己的票面價值低於最貧窮的傭人的票面價值的男人。就算是最自甘墮落、無用的女傭每週也會被給予一些薪水，並按照她選擇的方式去使用。我有足夠的尊嚴不讓任何男人對待我比對待任何一個像那樣的女人還要小氣的。你需要讓你的決心強大起來，並努力爭取一個有效的結婚協議。

X 給被老公惹火的妻子們

XI　讓愛變成一個思維的習慣

人之所以為人就是因為有愛。

去愛別人也是一種樂趣。在任何條件下，總是去愛是永恆的生活主題。拒絕去愛是將現在的生活背向自己。結果，停滯、發酵再到死亡。我們把這個叫做自私，我們也不想去愛他。但是如果我們要擁有永恆的生活和快樂，我們必須去愛別人。

怎麼去愛那些你不愛的人是一個難題。但是就算是難題都有它的解決方法。你想知道我是怎麼解決這個難題嗎？當我發現生活的法則是愛，我非常努力地對所有人和事表現愛。在中國，我很成功地在異教徒身上實現了。但是我不能把它應用到吃素的和吃速食食品的中國人。我能夠對我從未謀面的有錯者表現出海量的愛，但是當白蘭克夫人告訴托克夫人（托克夫人告訴我）她真希望我可以選出一頂更有品味的帽子，我無法對白蘭克夫人表現我的愛。我可以沿著街道走，對每一個無家可歸的壞蛋表現愛與同情，但是當某人在我嶄新的、精製的前門階梯上用他泥濘的雙腳小跑步，我感到我更想打他一頓而不是

XI 讓愛變成一個思維的習慣

愛他。而且我不可以欺騙自己說因為我愛他,我才想打他,正如我在某些父母身上看到他們這麼對待他們的孩子。我可以繼續在變形的愛下做其他家務;但是當我必須清潔燈具或者果凍煮溢出來的火爐,我就像從天堂的第七層砰地一聲掉了下來。天啊,我究竟在做些什麼呢?

我放棄了嘗試去感受愛,卻跑去想像愛。我說:「無論我是否可以感受到它,我選擇了去愛。無論我是什麼樣的感受,我都會對所有人和事釋放我的愛。我會去愛也一定會。」每次我想起來,我都會用這種愛的方式來對待自己。我靜靜地思考它,並在我自己的私人空間裡大聲地訴說出來。我會走上閣樓,跺我自己的雙腳,緊握我的拳頭並大聲地喊出來!之後,我成功地控制到我的情緒。

讓我小聲地告訴你:無論是面對任何東西,這是成功的唯一方式。但是美德並不在房間裡或者閣樓裡或者那些喊叫聲中,但是在這種下定決心的活動中會被誘發出來。嘗試一下吧!我成功地做到將愛當作一個鍛鍊思維的習慣。當任何東西變成一個思維的習慣,那麼它就會95%記錄在潛意識裡,然後我們可以把它說出來「我感覺到了」。肯定,肯定,再肯定,小聲說,大聲說,喊出來!成功必須被征服而不是被乞求來的。她不是一隻小鳥可以透過牠尾巴上的一把鹽而被捉住。

當我在做這件事時，讓我告訴你奧瑞森‧斯威特‧馬頓博士（Doctor Orison Swett Marden）作為一個青年保護者是怎麼闡述愛的：不要隨便釋放愛或者愛的浪漫；他們是皺紋的抵抗物。如果內心總是沉浸在愛中，對一切充滿互助的、慷慨的感情，身體就會比它原本應該有的很多年都保持清新有活力。但是如果內心是乾枯的，以自私、貪婪的生活清空人類的同情本質，那麼就會衰老得很快。心是因為愛才會變得溫暖，也不會因為年齡而被結冰，也不會因偏見、害怕或者緊張的想法而感到寒心。一個法國美女為了讓她的肌肉有彈性和身體變得柔軟，過去每個夜晚常常用綿羊油來幫自己按摩。保持年輕有活力的更好辦法就是趕上潮流——用愛的、美好的、愉悅的想法和年輕的理想去為自己做按摩。

如果你不想數著日子度日，往前看而不是向後看，將你的生活變得更多變和更有趣。單調的生活、缺乏精神生活的陪伴是年齡衰老的主要根源。那些住在有各種興趣和多姿多彩的都市中的女人，保持他們的年輕和美好的樣貌。作為一個法則，她們活得比住在遙遠的鄉村中的女人還要長壽。因為鄉村中的女人生活單調，在她們枯燥乏味的日常生活外沒有其他興趣，這導致了她們的心智缺乏鍛鍊。精神病的增加就是農場上的女人單調生活所造成的一個讓人警惕的結果。愛倫‧泰瑞（Ellen Terry）和莎拉‧伯恩哈特（Sarah Bern-

XI 讓愛變成一個思維的習慣

hardt）——她們似乎有著像星星般不老的祕密，將她們的年輕歸因於行動、想法和景色的變化及精神消遣。農民在一個比腦力勞動者更健康的環境中生存，並擁有這麼多戶外的活動，竟然比後者活得更短命，這太不值得了。

XII 妻子和她的道德心

接下來是給一個女孩的兩句建議，這個女孩因為她要嫁給一個不屬於她的教堂的男人而不知所措。

親愛的，勸告你：「如果那個男人希望跟你一起，那麼就跟他走上一公里，然後兩公里，」在這樣的情況下以你的方式進行。若你不能以你的方式進行，而且你的教堂很忙亂，那麼試著用善意在他的教堂裡嘗試。

按照這樣去做只會有一個障礙，那就是內心的潛在障礙。如果你內心對天主教堂十分虔誠，並覺得它是唯一的真正的教堂。

只要你的內心處在被啟發的狀態中。

但是只有你停下來想一想，你就會知道就算是道德心也受教育支配。亞伯拉罕曾經打算殘殺他的兒子，並把他燒掉，就因為他的內心告訴他這麼去做。之後他可能了解得更透澈。大衛在戰爭的最前線把一個男人送了出去，那麼這個男人就會被殺掉，並讓大衛可以重獲她的妻子。儘管大衛的內心信任上帝並覺得上帝是正確的。在某人給他上了一節關於道德的課程

XII 妻子和她的道德心

後,他突然驚醒他曾經做過的這件事並不是正確的。然後他開始懺悔,同樣地,他也為他做錯的事付出代價。

從信中的口吻可知,你不是因為道德心的問題,而只是為你自己的立場、你的教堂和你堅持信仰的堅定決心。

但是,你能夠成為一個為所有自我和教堂堅定立場的平靜的強壯的個體。

用其他話說就是,當你走進浸信會教堂時,你可以像天主教徒一樣友好;反之亦然,或者你去其他任何教堂都是一樣的道理。

這是個體化的和發現事實的日子。這個事實是每一個個體都可以像其他人一樣接近上帝,由上帝去帶領他,而不是被上帝所創造的組織法則所強迫。換句話說,如果精靈指導天主教徒去做事,那麼天主教應該讓它的成員擁有自由去走出他們的教堂。

它也應該讓它的法則變得具有普遍性,那麼它的成員不必走出教堂也能夠持續地成長。

我對天主教堂所說的事實對其他教堂也是正確的。因為教堂沒有足夠的精力去擺脫這些狹窄的壓縮式的法律,人們被迫去順從這個環境而不是由他們內心的新生去得到轉變。這是保羅所表達的觀點。他還說:因為教堂愚昧地遵從它們的舊準則,人們不得不自我成長,而不是待在教堂裡,讓教

堂為他們而成長和變化。

可以目擊到衛理公會派的會議在爭吵老式的教堂規律。這些規律要求教堂成員不能去跳舞、去電影院，或者戴有羽毛的帽子或者金色的胸針。這些規則在清教徒時代是正確的。那時這些東西都是奢侈品，幾乎沒有人可以擁有它們。當一個或者兩個人戴著胸針或者有羽毛的帽子擦身而過，其他人都會羨慕嫉妒。我們都知道上帝在戲院裡講道和在講壇上跳舞。當教堂繼續遵從他們的舊法則，並嘗試對二十世紀的人按照十六世紀的模式進行管理。

當一個女孩結婚時，她必須離開她的朋友、家庭並來到他的身邊。這必須是這樣，根據男人的生意關係而言。在一般條件下，妻子必須和她的丈夫一起並幫助他去實現他的社交和生意生活所需的條件。對此唯一的例外便是妻子很富裕，丈夫發現自己在掌管妻子的財富的新的責任。

如果你有足夠的新思維，如果你愛這個男人夠深，那麼你可以去滿足他的所需，之後一起快樂地生活。但是不要讓你自己覺得你是為他做出犧牲，並讓這種情緒捲入你們的生活中，而且讓他對你做出的犧牲滿懷感激。仔細地考慮清楚，並對所有東西做出輕重平衡。你是否足夠愛這個男人，讓你可以離開你的家並投入他的懷抱？你是否能夠拋棄一切並仍然很滿意你的選擇？當你發現他也像其他人一樣雙腳沾

XII 妻子和她的道德心

滿泥土，你是否可以依然這樣做？

你的道德心會和你的愛妥協嗎？你可以確保你的內心在浸信會跟在天主教堂一樣接近上帝嗎？你會相信無論你是屬於哪種教堂，你也能夠在敬畏上帝的情況下帶大你的孩子？當你在前進時，你會把你身後的橋梁燒掉，忘記一切將你的心、愛和善意投入新的生活？如果答案是確定的話，前進吧，上帝也會保佑你和屬於你的一切。

但是在這之前要衡量一下損失。其他人不會理解你，他們可能會很長一段時間感到傷心。但是如果你創造了一個成功的婚姻，你也是一個快樂有用的妻子，你把孩子健康良好地養大，那麼你的親戚最終一定會寬恕你的過錯。新思維就在空氣中，沒有人可以生存在陳舊、愚昧的、思想分隔的過去中。

一定會有一些人因為你在教堂中的轉變而鄙視你。他們會覺得你只是因為金錢出賣你自己。這些東西都是令人感到不愉快的。你確定你可以完成寬恕和忘懷這些即將到來輕蔑嗎？

換句話說，你是否足夠年長去生存、愛和在這種精神中崇拜？不讓這些文字殘殺你的善意、你的愛、你對丈夫、孩子和上帝的愉悅之情呢？

這是一場很嚴峻的考驗，它全依賴於你自身。沒有一點點依賴於你的丈夫！吵架和分離需要兩個人才可能發生，任

何一個人都可以阻止它的發生。任何一個人都可以為家庭創造和諧,只要兩個人都不是無賴或者傻瓜。

　　當然你自己才是做這件事的唯一的依賴。你不能夠依賴你的丈夫,甚至一刻也不能調整他的想法。如果你足夠聰明的話,你最終也一定能夠做到。但是你也可能不夠聰明!所以你一定不能在千鈞一髮之際改變他。你能夠指望的所有東西便是使你自己對環境適應,讓一切變得更好或者最好。

XII 妻子和她的道德心

XIII　當你覺得你被誤解的時候

　　每隔一段時間，我就會收到一些抱怨世界之人的信件。信中充滿仇恨和怨恨，他們將自己的痛苦發洩在周圍人的身上，藉口說他們受到的待遇源自令他們不滿的情緒。

　　我親愛的被誤解的朋友們，痛苦只是你們的問題，除非開始它就不會產生。它是因為自私才會產生的。直到大家對你吝嗇前，你不會說你是痛苦的，我也很確定你會誤解你自己。如果你往後看得夠遠和坦誠，你會發現你的一生都在期望從別人身上獲得友好的對待，每一次他們不能如你所願，你都會沉思於此，讓你自己變得不妥協和令人討厭。如果無法在外釋放，你就把這樣的情緒留在心裡。

　　在你的一生，人們會把情感發洩在你的身上，就像你會對別人發脾氣一樣。如果你已經擺脫了別人對你不好的情緒，讓你自己的燈光閃爍，你自己的太陽光能閃耀，那麼你就會有足夠的善良去修復別人對你的不友善。

　　很多年前，我常在想，在某種程度上，我是軟弱的。因為我不會責怪那些對我不好或者吝嗇的人。之後，當我知道

XIII 當你覺得你被誤解的時候

新思維的存在，我知道箇中原因。我保持容光煥發是正確的，那些非友好只會在我的陽光燦爛的天空上留下一片片烏雲。因為我保持容光煥發，我總是吸引別人身上好的東西。不久我就會發現，那個之前對我不好的人已經從不開心的情緒中走出來了，並準備好將他友好的一面展示給我。你總是可以將善意用來轉變邪惡。你也可以用溫柔的回答來消融嚴厲。你也可以透過善良來克服邪惡。透過你自己內心的陽光照射，你也可以融化他人的冷漠和刻薄。

你可以透過否定不近人情對你的影響，和將你心思立刻放在美好的東西上，來淨化你內心的苦楚。

透過正義、正義的思考、正當的興趣和充滿愛的友好，你總是可以切斷你的罪孽（缺點、耿耿於懷）。

無論何時不仁慈的事情來到你的面前，你要記住每一個人的內心深處本質上是想表達所有好的和愛的東西；如果他不能，唯一的原因就是那個時間點上他的思維存在扭曲；由於內心的苦楚來源於別人最近對他的一些不好的行為。換句話說，他只是將內心的苦楚發洩在你身上，而他的痛苦是由外部某個人的行為所引起的，正如你的痛苦一樣。在他的內心裡，痛苦的表面之下，埋藏著巨大的動力，讓他愛得公正。

同樣的上帝的推動力，在文明的知識分子上發揮作用，

讓他批判和怨恨這個世界。因為這個並不總是向他表達愛、友好和正義。

換句話說，你的痛苦會讓你變得有偏見，以致你誤解別人的意圖和行為，至於別人試圖對你的友善你總是視而不見。你就像是一條人類的墨魚，用自己痛苦的烏雲來欺騙自己。

你的痛苦排斥一切你想要的東西，因為這是上帝的法則，你應該這麼做。

愛的友好和精神的輻射吸引一切你想要的東西，因為這是上帝的意願，因此也應該這麼做。

你的痛苦其實是完全放錯地方了。世界應該比你應得的對你更好。我們也應該這樣。

至今為止，如果要說誰應該對你生活中的所有不愉快負責，你就應該是那唯一的一個。你吸引到什麼就會收穫同樣的東西。或者說，你排斥的就是你想要的。每一天，你都在做這些事。

但是當你應該對此負責時，你不應該被譴責。因為問題埋在你身上如此之深，你幾乎無法察覺到它。

從今以後，只把好的歸功於人類。讓柔軟的回答融化苦楚，並帶走憤怒。那麼你就會在智慧、知識和靈魂的光輝中成長。

XIII　當你覺得你被誤解的時候

XIV　擺脫嫉妒

這份給 R.W 的信對成千上萬的妻子和丈夫同樣適用！

對丈夫有一個比他大三十歲的女性朋友感到大驚小怪，這顯得你多麼像個傻子。如果他不愛你，他也不會娶你。如果他不再愛你，那是你造成的，而不是其他女人的錯。你對她充滿嫉妒和怨恨，對他批評、怨恨、找他的錯處。只要你一天將自己的目光注視在她的身上和她與你丈夫的關係上，你就會為你自己製造麻煩，同時也為你丈夫帶來麻煩。

你要做的事就是相信他所說的話，和他們間的關係，不要介意任何有關它的東西。讓睡眠的小狗躺下 —— 要記住當你一旦叫醒牠們的時候，牠們會把你的痛苦吃掉。管好你自己的事情，你就會很快痊癒，為你自己和你的丈夫創造一個快樂的家庭。但是只要你嘗試去干涉她的事情像干涉你自己的一樣，你就只會為你自己製造麻煩。

在你和我之間，我不會認為你事業的任何一部分是與那個女人有關。除此之外，我認為你沒有權利對他告訴你的他與她之間的關係有所猜疑。接受她像他的一個母親一樣，並

XIV 擺脫嫉妒

　　放開來取決於你自己。如果你這麼做了，並用善意和堅定去履行它，那麼你會釋放出來，你的丈夫也會保持著愛你。如果你不這麼做，問題最終會致使你們的分離。

　　你會因為兩個離婚的記錄可能會有第三個而感到羞愧。艾拉·惠勒·威爾科克斯（Ella Wheeler Wilcox）曾經對我說過的一件事情，我覺得非常非常恰當。我告訴她我從第一任丈夫那裡得到第一次離婚，然後才嫁給了坦尼先生。之後她深沉地看了我一會，說：「伊莉莎白，一次離婚可能是一次不幸，但超過一次就不過是一個壞的習慣！」我內心在狂笑！然後我告訴她，我會盡我最大的努力不被那個壞習慣影響到。

　　你容易嫉妒而且苛刻，那可能是你兩次婚姻失敗的原因，也是現在的癥結所在。過好你自己光彩四射的生活，讓你的丈夫去過他自己喜歡的生活和繼續他選擇的興趣。我可以告訴你，一個老朋友就像是一個寶貴的財產，並不會因為一個新來的妻子而被分離。無論他們過去有著什麼樣的關係，也不管他們現在是什麼樣的關係，這些關係對於你來說都太神聖而不應該去干涉。聽任他們吧。將她當作是他的母親一樣接受她，友善地對待他們。

　　現在讓最好的東西幫助你。去買我的《太陽神經》（*Just How to Wake the Solar Plexus*）系列叢書的一本，每天一次性看一章或者兩章直到你把你的問題徹底解決掉，那麼你就

會像他一樣愛他的朋友，他的朋友對待你就像她會在意你一樣。你會發現我過去如何運用這些法則去解決我自己的問題。領會書中的精神並運用它。做光芒四射的自己，用自己的方式表達美好，而不是在自己的殼中匍匐前進，因為其他人不會做你認為正確的事。

在你的小鎮裡，你對別人存在錯誤的態度。就我所看到的，你對生活的態度是完全錯誤的。太陽叢書的用處應該可以把你的態度矯正。淺嘗輒止不會產生太大用處，你必須一遍又一遍地閱讀它，堅持著鍛鍊。練習會更臻完美，沒有別的東西可以取代練習的作用。爭取去贏並堅持下去直到你正確地解決這些問題。跟你自己的靈魂接觸，你會做出考慮到你的孩子的決定，你也會發現你跟周圍的人相處融洽。如果你不喜歡你身邊的環境，那麼你就應該把愛融入到這個環境中直到你把它改造成功。

下面是我寫給一個嫉妒親戚的女人的一封信：

我很認真地和很誠心地讀過你的信。你問題的根源在於你的嫉妒心。有可能你的姐姐也存在某種程度的嫉妒你，但是積極的嫉妒只能是你自己的。嫉妒可能會帶來針鋒相對的感覺，你們中的每一個都會醞釀出醜陋。當這種醜陋變得夠大，就可能會帶來爭吵。爭吵會淨化空氣，就像雷陣雨清洗掉夏日的悶熱，你們在較短的一段時間裡會相處的相當好，

XIV 擺脫嫉妒

每一個都決心下次要做得更好。但是只要嫉妒一日尚存,歷史就會不斷重演。你會繼續說那些令人不愉快的東西,就像她從旅途回來後你對她所說的話一樣。一個家庭的爭吵需要兩個人配合才會發生,所以任何一個都可以阻止它,只要他們可以淨化內心中那些卑微的情緒和感覺。為了達到淨化心靈的目的,你必須忽略和否定掉這些東西,並拒絕讓它們影響到你的行為。聖保羅說過:「這些事情沒有一樣可以刺激到我。」

治療你問題的方法就在我的那本《太陽神經叢》(*Just How to Wake the Solar Plexus*) 書中。帶上一本去生活吧。一得到它的那天,翻閱整本書吧。在接下來六個月的每個早上閱讀一至兩章。領會書中的道理並運用它。用正義來打破你的罪惡,每一次你的想法遠離正確的軌跡,跑入邪惡和醜陋的觀點中,要否定它的侷限性和那些不愉快的東西。肯定愛、人類的真實性和你姐姐正確的意圖。這樣的舉止只是你掌控你自己想法的行為,堅持著直到只有好的想法留下來。你可以做到的。成千上萬的人已經做到了。沒錯,成千上百,成千上萬,甚至百萬!這是任何時候所有比賽的老戰役。

去買那本書並帶著它生活。活在那本書所闡述的道理中直到你對她所擁有的一切好的東西感到自豪,那麼你會用一種完全不同的眼光看待週遭的一切。那時你的問題也會像雪花見到八月的陽光前消失。正義的陽光就在你的身上。

最後有一本充滿經驗的書籍並請閱讀一下它。在那本書裡面，有一些個人關於克服仇恨的經驗。他們可以幫助你去發現自我並解決你的問題。記住練習會更臻完美，沒有其他的東西可以取代它。這些課程也會為你指引方向。你必須做好剩下的工作，我也相信你能夠做到。

第一件要做的事就是放棄去嘗試讓你的姐姐為外在的面貌而做事。要是她坐在教堂的另一邊，那該怎麼辦？她有權利選擇她喜歡坐的位置。如果你是她邊上的一條荊棘或者是她的刺激根源，她能做的最好的事就是盡她所能地遠離你。保持一定的距離。從這個角度來說她的行動是正確的，這也是她的權利。不要對此怨恨。

如果你想讓你的姐姐坐在你的身邊，你就必須愛她。若希望被愛，你必須愛別人。希望別人妥協，你也必須做出妥協。關鍵在於你自己，不在別的地方，也不在你姐姐的身上。你們中任何一個都可以做到它，但是我沒機會告訴你姐姐應該怎麼做，所以我現在告訴你。畢竟你是這件事裡積極的那個。你的嫉妒是積極的嫉妒，所以你也是邏輯上做這件事的合理人選。繼續去贏和堅持下去。你的命運掌握在你自己的手中。你和她顯然地很適合一起去做這份偉大的工作。不要讓那些輕微的小氣分離你們。活在愛裡面。

XIV 擺脫嫉妒

XV　家庭財政

有人問過:「一個女人要買她買不起的東西是不是不對呢?然後對著她的丈夫擺出一張失望的表情。還是她應該冒風險,相信上天會為她付錢呢?

你應該用你自己的財產過日子!

你要清楚地意識到你不可以把你的丈夫捲入這樣的債務中。當然很不容易地,你要意識到,你不能信任天意會產生任何作用。

保持良知的清醒和確保富足;但是你不能花費那些不在你手上的財產。

在你擁有財富前就去預支這部分財富是一場跟惡魔玩骰子遊戲的賭博!

塞內卡正義地說過:「真正有錢的人必須要不增加他的財富而是縮緊他的胃口。」控制你想要的是你財產的四分之三──四分之三的四分之三!

愛默生說過:「一連串的思想是唯一能來到我們面前可以得到的財產。」

XV　家庭財政

但是我們大多數人被一連串我們貪婪的東西所折磨，貪婪把我們可靠的想法淹沒。

親愛的，控制我們的貪婪，開始你們真正的新思維。不要透過炫耀「漂亮的衣服、馬車及侍從、別墅、公園和社會觀感等」來試著假裝有錢，因為這些並不真的屬於你的。

要賺錢第一步應該是省錢。美元像人一樣有吸引的作用。對於他來說，剩下越多的錢，越多的錢就會流向他。

砍斷那些不必要的欲望，你發現你裝著美元的乾枯河床漸漸堆成一座小山！

但是可能會是那張對你的丈夫的失望表情在發揮作用！可能他可以買得起那些你想要的東西，但是他只是不想買！也可能是他發現那張失望的表情能夠為他省錢！

在那樣的案例裡，應該爭取有一個關於金錢的核算和公平分配。爭取一份合理的零用錢。每一個已婚女人應該有零用錢，並因它過得富裕。每一個男人都應該為了他自己的平靜和他妻子的舒適而高興去給予這樣一份零用錢。

他應該至少像支付他雇用的僕人或者速記員一樣迅速大方地給妻子零用錢。為什麼不這樣做呢？

現今聰明的女人不會嫁給一個沒有達成很好的生意合作的男人。透過經驗累積成長的聰明女人會爭取這樣一份協

議，並堅持著爭取或者哄騙而來，直到她得到它。這是一個她可以將誠懇、信念和愛運用到新思維的地方。

如果你的丈夫不告訴你關於你的生意、收入或者利潤的事實，去獲得訊息服務或者向他討債！

然後哄騙他給你零用錢，就算很少也要爭取。無論怎麼樣，告訴他去嘗試它一個月或者兩個月。在他很幽默，對著你很甜蜜時，可愛地跟他說一聲「請」。

「你應該不要去哄騙，究竟什麼才是你的？」當然不是！但是你在處理一個丈夫和一個世界，並不是他們應該那樣，而是他們本身的樣子。相應地調整你自己，記住有幾件事你並不是按照你應該的那樣子去作為。

讓明智包圍你丈夫的心，他的頭腦包含他的正義，你會發現他的底線變得更加切實可行。

在你經過一次零用錢系統的實驗後，所有的事情都會伴隨你。如果你系統地管理你的零用錢，要細心不要過度闖過邊界和不要對此大驚小怪，你的丈夫就會很快地認為這樣的方法對一切更好，而且他會對你的管理能力很自豪。一旦他對你和零用錢系統有信心，那麼就會很容易地得到更多的零用錢，因為這種方法能支付得起。好的管理和信念將會對他的錢發揮作用，更多的錢會流經他的口袋，你的口袋亦然。

XV 家庭財政

可能你會認為這是獲得新思維權利的一個老舊方法。它也確實如此。但是它是最有效率的、最正確的、甚至唯一的方法。它是最自然的方法——伊芙先吃,然後再換亞當。如果這些結果不是令人滿意的,你知道亞當說的是什麼。如果結果是好的,在這個案例裡,他就會跟伊芙一起休息。亞當不久就會認為這是他自己的想法,其實他一直都知道這個道理。

那麼如果她比大部分的女人聰明,她就會讓他自己去思考!

無論以任何方式,它都需要一個男人和女人去發現事實。它也需要他們去闡述這個事實。誰會介意哪一部分先獲得信用呢?

那個讓男人先拿走信用的女人下次能夠擁有她想要的東西,甚至是他的王國的一半。

你知道女人憑直接思考並將它暗示給丈夫。男人思考並消化(將它合理化)它。他們兩個在實踐中解決它。

一個女人越懇求,男人的冰冷原因越準備好去為他的工作做熱身。

用簡單的英語說,女人被愛得越多,她能更早獲得她想要的,尤其是正義站在她的那邊。

難道你看不到嗎?這是一個自然的法則和蕭伯納(Bernard Shaw）。女人若要男人去取悅她，就要去滿足她呈現給他的想法。她甜美的乞求軟化他的內心，並溫暖他的大腦讓他作出行動！

如果英國的女性參政權論者知道她們自身是什麼，就算是迷惑和哄騙男人的女人，而不是那些把自己對著牆鎖起來，尖叫著要投票的女人。

這並不意味著後一個方法是錯誤或者完全無效。這些闡述可以取信於男人，讓他們相信很多女人真的想要投票。

最後一步就是男人懇求男人去讓女人獲得他們想要的東西。

XV 家庭財政

XVI 丈夫、妻子和生意

根據傳統來看，女人天生是男人的合作夥伴。換句話說，當上帝造出男人後，他發現男人並不完整，缺乏另外一個人的幫助，他不能對天空中的小鳥和田地上的動物，風和浪和萬有引力法則實施統治權。

上帝在亞當的外貌上加了點灰塵。他變得有點物質化，注重事實和理性，頭腦堅硬和有石頭般的心。

所以上帝讓女人去軟化男人的心，讓他的頭腦快速地轉動起來，幫助他增加、累積和補充土地，征服大地。為了大地上所有人的利益，讓它像玫瑰一樣盛開在大地上。

因此男人的首要生意就是生意。

他必須征服他自己和讓他自己奉獻在一些好的生意中。那麼就會幫助這個世界，同時為他自己和他的伴侶帶來糧食。

妻子的首要職責就是滿足男人的心，讓男人為了做好他的那部分事業擁有那樣的心。女人的愛可以軟化他的心，賦予男人的頭腦生命力。因為在這些混合中，上帝扔出了太多的灰塵在男人的腦中。

XVI　丈夫、妻子和生意

　　合適的女人應該軟化男人和感懷男人去做好他的工作。為了她，他將他的心和靈魂投入到他的事業中，她的心和靈魂讓他的變得有生命力，同樣在他所屬的生意世界裡發生作用。建造一個更大、更光明、更好的世界讓男人和女人去住在裡面。

　　男人和女人透過征服和奉獻他們自己去建造一個更大、更光明、更好的世界去成長。這是一個自我表達的神聖的規律。

　　證據顯示還是有例外。一些女人是男人的家庭，一些男人則是女人的家庭。但是當他穿著裙子她踩著隔離器，神聖的規律是一樣的。

　　男人和女人要察覺到的第一件事就是生活中最重要的生意，就是男人和上帝的生意。當他們征服自我和奉獻自我到男人的生意時，即上帝的生意，男人和女人一起成長。

　　男人將他的生意和妻子隔離開，將會切斷他的靈感來源和生意的發展，因為她不是一個傻子。

　　女人無法意識到男人的工作是他們生活中最重要的生意，將會在她的快樂下滋生幼蟲，和在他的生意裡帶來腐爛。最終的結果是灰燼和塵土。甚至比男人一開始的泥土的面貌更差。

　　男人說，生意，所有都是生意。

女人說，愛和關注，愛和關注，所有都是愛和關注。

聰明的男人和女人發現自身和彼此，說：愛，所以都是愛。

在這個下面，沒有虛榮心。在愛的生活裡，只有事實。男人和女人在他們內心永遠地歌頌。

這是我寫給 A.M.B 關於這回事的一封信：

我想我知道詹姆的想法是什麼。現在你可能並不奢侈，但是我想念以前我的猜測。如果你以前並不是一個可愛的放縱的小女孩，對錢過度揮霍，對自己的能量過度濫用。你仍然在收穫思考習慣的好處，奢侈締造出詹姆這個思索者。

在他的心裡，你的花費只是奢侈，當他的花費就是一項投資。從他的觀點來看這是事實。他的投資可能是被錯誤建議，我也不是太清楚。但是他的意圖是正確的，希望把錢放在投資中，在將來會帶來回報。我猜想詹姆有一個奢靡的家庭，他們有些人花出一些他不知道的帳單，直到他收到需支付的帳單。在他做出他的投資計畫後，他們中的一些人跑到他的面前；我對於他過高評價他的投資和過低評價他的生活開支的帳單毫無疑問。

有那麼一個地方，男人的妻子可以走進來。如果她是那種妻子，即愛他、相信他、對他有希望、為他祈禱的妻子，無論他做什麼或者何時何地，她都會在他的身邊，給予他建議。

XVI 丈夫、妻子和生意

　　如果她像偽善者一樣站在一邊，不跟緊著她的丈夫，那麼他就不會看著她尋求她的建議或者合作。接著他就根據自己的決定和自己的資源繼續完成它。在那裡他犯了錯誤。沒有男人可以單獨實現生活中的成功，除非他從他的妻子中獲得某種恰當的合作。男人和女人就像兩隻手一樣，任意一個人做某種工作，但兩個人都不是單獨做這個工作。唯一可以讓丈夫避免犯任何男人都會犯的錯誤的女人，就是那種放任丈夫的女人，但是愛他、信任他，將他當做圓周的中心來看待，從頂部到底部，從時間的開始到結束，以不斷增長的愛和崇拜來看他。

　　親愛的女孩，在你的家庭中有太多的個人主義；就像是在我自己的家庭一樣。這不是我想說我的家庭能運作得這麼好的原因。而是因為威廉以他的方式去了解我，給予我自由去追逐那些自我表達的康莊大道，同時長期的習慣似乎變成了我的一個必需品。這裡有太多的自作主張，太少的合作等等，對你我都很愛慕。你和我都需要修正。除了我們自己沒有人可以為我們修正。只有透過回到所有美好的事物上，並察覺到這些事物是每一個人前進的動力，我們才可以修正我們自己，就像它們也是我們的驅動力一樣。

XVII　婚姻是一場生意合作

在結婚那天到來前,應該對雙方的目標和理想有一個明確和完整的理解。那些在婚禮前把他們最好的腳伸出去的人之後一定會絆倒另一隻腳。婚期的絕對坦誠是避免離婚的最好保險。

結婚具有雙面性。愛的一面可以讓彼此在求愛期中的欣賞和注意茁壯成長。婚姻也有生意的一面,經濟的一面,愛的另一面就是房子的基礎,就是取決於上層建築。所以要保障婚姻,夫婦不僅需要為了愛奮鬥,尊敬和崇拜彼此,而且需要創造和生存在一個生意的合作組織中。這個組織打理好他們婚姻的經濟面。如果愛的基礎是不公正的經濟,那麼你可以推斷出這種愛會消逝。

換句話說,在家裡丈夫應該鼓勵和支持他的妻子,在生意上妻子應該以各種可能的方式支持和鼓勵她的丈夫。考慮到大家的關係,雙方必須對彼此絕對的坦誠。

但是這並不意味著丈夫不應該將他的消極和害怕的一面帶回家,並在晚上把它們發洩在妻子的身上。也不意味著妻

XVII　婚姻是一場生意合作

子應該吧所有怒火收集起來,把它們歸咎於丈夫的頭上。這意味著他們應該將必要的事實告訴對方,讓彼此對雙方的行動有正確的了解。事實、勇氣和欣賞應該相互交換,洩氣、生氣和焦慮應該被扔到健忘的無底洞中,那麼它們就不會對任意一個造成傷害。

在一個坦誠的生意合作關係中,每一個夥伴支出他的薪水,利潤被平均地分配。每一個妻子應該有一份可以自己使用的零用錢,並與薪水相對應。而每一個男人和女人都應該在一個互動合作的預算計畫中運作他們的生意。

男人和妻子間的生意夥伴關係必須劃分彼此明確的任務,每一個都應該有目的地在各自的工作區域中變得有效率和值得稱讚的,同時要確保不會把痛苦發洩在另一方或者干涉到另一方的工作。

在普通家庭裡,丈夫應該是生意的主導者,為生意做決定;妻子應該是家務的主控者,她也是唯一的根據家庭狀況作出決定和訓練孩子的人。在家庭裡,男人應該在女人的命令下去協助他們的妻子。在男人的生意往來中,男人應該做出決定,女人應該去遵守命令和協助他們。

XVIII　當你對你的環境不滿意時

不要欺騙你自己 —— 你被強迫做事情或者成為任何東西。你在做事情並不因為你被強迫去做，是因為你選擇去做。因為你自己有某種原因讓你選擇去做他們。

除非你選擇了，否則你不會抬起你的雙手。

在早上你不會起床，除非你自己選擇這樣做。

如果你選擇的話，這個時候你可以躺在床上，不必移動你的腳和手。你的朋友、或者你的小鎮、或者是某個人或者某種東西都會去照顧你。

不要欺騙自己，將自己的條件、感覺、想法或者行為歸咎於其他人身上。將任何東西追根溯源到你自己的選擇中。問問你自己為什麼選擇這麼做，在你知道真相前不斷地問自己。

將責任歸咎於你自己的選擇中；檢視你的條件，為每一步做出正確的決定；你就會發現自己很快走上那條雖窄但直的充滿無限寧靜和自由的道路。你會發現你的祈禱變得無限大，回答在你的心中哼唱著愉快的旋律。

XVIII　當你對你的環境不滿意時

　　將責任歸咎於別人的行為或者想法所造成的條件會導致欺騙性的思考，欺騙性的思考會導致欺騙行為，欺騙的道路什麼地方都去不了。

　　意識到你的選擇是你所有條件的原始推動力，一段時間後，就可以讓你在物質的侷限性迷宮裡直接地思考。

　　你自己的選擇就是你的意志獲得自由的地方。這是宇宙間可以產生自由意志的地方，這是關於所有美好的東西的自由意志。

　　好好為自己做準備並在這時候選擇正確的。這就是最大的成功。讓你的生活成為這種成功的連線點，你就會實現無限的智慧和力量和自由的行動。

　　你的選擇就是你的無限力量。

　　你的選擇就是上帝的力量。

　　不管陰暗的限制，選擇正確的課程讓你實踐你的無限力量。

　　堅持選擇正確的，這就會成為一個習慣，這個習慣總會自我完善。正確選擇的習慣會帶來意識的自由。

　　正確的選擇總是我們知道的最清楚的選擇，在這種環境下，我們所知道的最正確的做法。

　　常常在這種情況下，我們所知道的最好的做法就是保持平靜並讓精神發生功效。

在大部分的案例裡，可能做什麼的正確選擇就是什麼也不做，就這樣放開來，並讓愛的精神在我們的意志中發生功效，帶來美好和開心。

保持平靜並知道上帝是伴隨在你的身邊，但是你是為你的想法、選擇和行為負責的人。

知道我是無限唯一精神的執行者——執行者的作用就是選擇正確的和選擇所有最好的東西。

正在跟我對話的是人的整個心。如果心可以意識到只有上帝作為它的智慧和力量，那麼我的選擇就永遠是對的。

如果你能把這些話和別人的行為放進心裡，將它們視作你自己思維、感覺和行動的起源來審視它們，你讓我的緊張得到轉移和分離，那麼他就會選擇錯誤的想法和作出錯誤的行動。

讓你的家人單獨地面對同一聖神，他們的全身都在事實的光芒中。他們的所有選擇都是正確的，他們的道路應該是開心和寧靜的方式。

你聽到的指引你離家或者做出某些事情的聲音只是不滿的聲音。

當那微小的聲音告訴你應該怎麼做。它不會小聲地告訴你要出去和做某樣事情，它笑著告訴你要離家和做出確定性

XVIII 當你對你的環境不滿意時

的事情。或者它只是會說:「滾」。

「不滿是進步之母。」接受這個道理。

但是不滿並不是進步——遠遠不是。只有在一個確定的選擇方向上,進步才是一種推動力。每天利用一段特別的時間走進寧靜的世界,並祈禱精靈會告訴你怎麼去做。當你晚上睡覺時,祈禱精靈會清楚地告訴你,你應該怎麼去做來吸引你的興趣、能量和用處。要相信精靈會引導你,要耐心點,堅持地敲響精靈的大門,要堅信直到你收穫。要問,要問你內心的聲音。一段時間後,它會清晰地浮現出來。那些精靈會跟那些不滿的情緒同步化。在某一天,你會醒來並發現他們和諧地共同走向某個確切的行動中。如果你充滿信任地行動,你會發現這條路一步一步地越走越平。

同時,要記住你就在正確的位置。要記住這個,不能忘記它。把你的工作相對以往做得更好更漂亮。投入更多的獨創性在裡面。

在你的生命中,每天留下一部分時間來學習某種知識,讓它可以為你不滿所需的新工作做好準備。要去接受你覺得最適合的課程,並認識到它是一項學習。像你管理任何學校功課一樣管理它,並認真地對待它。這是可以為新事物的到來做準備的唯一方法,也是唯一擴大你的心靈面和獲得能量的方法。這些能量可以在理想的渠道裡為你的能量指引方向。

我認識的一個女人，為了實現這個意圖，除了閱讀希臘人和他們的法律的深奧難懂的歷史，她找不到更好的可以做的事情。她對於她閱讀的這本書，連一半都看不懂，但是她堅持了下來。這本書花了她一年才看完，她每天花費一個小時在這本書上，而且從不間斷。到了年底，她感覺到她是新生的。她能夠掌控她的能力和活動。透過她的意志和耐心使她對希臘的歷史集中注意力，她使她的身體和心靈變得更敏捷。

　　當然每一個人都想知道故事的結尾是怎麼樣的，所以我會告訴你：在兩年或者三年後，這個女人再一次讀這些歷史書，為了去驗證她是否還感興趣。她對它們變得很著迷以致她又讀了第三遍，最後她變成了一個研究希臘歷史的作家。

　　這意味著她為她的生活創造了一個新的興趣，讓她再次變得像一個小孩子，在新的道路上成長。從今以後，它拓寬並豐富了她的生活。

　　下面是柏尤奇的一個意義重大的陳述：「在科學裡，注意力是最重要的東西。每一個都應該試著用心去做每一個練習。無論你能否成功地集中你的注意力，竭盡全力，你的注意力會一天天成功地累積起來。這個話本身就是治療如何集中注意力的良方。我建議可以小心地去實踐它。你知道，注意力會慢慢地被注意到。」

　　換句話說，嘗試會讓你成長。

XVIII　當你對你的環境不滿意時

XIX 當你不能跟你的親戚和姻親好好相處

下面是我對一個不能好好跟姻親相處的女人說的話：

我恐怕你指責姻親的那些事情就是你對自己內疚的事情。換句話說，你很明顯地對他們說和做的所有事情感到嫉妒和生氣。當你的丈夫維護他們時，你認為那是因為他不關心你。難道你意識不到在這樣的爭吵中，男人總是為弱勢者抱不平嗎？因為那個正腹背受敵。

不要再說任何關於姻親的惡意的話，他也會在你面前停止誇耀他們。學會了解他們、愛他們，忘記和原諒他們的過錯，他們一定會恩恩相報。你就會收穫你播下的果實。

你有錢，還把它借給了那兩個小姑直到錢被花光了。現在他們有機會借錢給你，你很沒禮貌地拿了它。當你有錢時，你總是展示正義的一面，你會發現現在他們也會像你這樣做。因為他們會像你一樣歸還你給他們的東西。

當然你可以留下你的丈夫，如果你決定這麼做的話。可以肯定的是在你面前只有兩條路，不是留下，就是調整你自

XIX 當你不能跟你的親戚和姻親好好相處

己,寬恕、忘記並活得最好最甜蜜去幫助丈夫和你身邊的人;否則就遠離他們,讓他們活在平靜中。從你的信中,我很確信你自己就是煩惱的元素;因此你自己才是解決問題的關鍵。你要嘛調整你自己,做出你環境下的最後的選擇,並贏得丈夫和姻親的尊重和愛,否則的話你可以離開逃避整件事。對於我來說,強大的女人會留下來並調整她自己,優雅地啃下屈辱,讓她自己成為丈夫的賢內助,姻親的一個真正的朋友和夥伴。強大的女人可以做到這些。當她捲在一團尚未被清理的混亂中,弱小的女人總會掉頭就走。如果你對自己足夠坦誠,我想你的潛意識會告訴自己應該做一個強大的女人。當然這一點我無法確定,在這個案例裡,除了你自己內心的美德,沒有人可以成為一個正義的裁判。

我很確定一點就是:並不是因為你是一個有工作的女人,你的小姑就覺得你跟他們不平等。並不是因為你過去曾經成為的人,而是因為你現在所成為的人,才讓他們看不起你。如果他們認識我,會像你一樣坦白地寫信告訴我一切,我想他們可能會說你是一個好爭吵、頑固、討厭舊東西的人。而且你討厭、嫉妒和猜疑他們,就像是只有你自己才是對的一樣。在任何條件下,他們在做著他們認為最好的事情。

對於我來說,在任何環境下,你嘗試做出最好的事情就是保持你的傲慢。在跌倒前,傲慢穩步前進,所以現在是時

候讓你優雅地跌倒，直至最低處。用心靈和事實，而不是純粹的藉口，來成為一個謙遜的僕人。當你在低處著陸，開始對你自己和身邊人坦誠，當你開始試著去表達愛和友好，你就會發現你自己走在正確的道路上。

對自我意志的順從和放棄是通向平靜的第一步。每一個真正的財務和快樂的基礎結構是平靜。逃避你的責任和教訓，你不會找到真正的平靜。只有透過使你自己與環境相適應和從它們中學習，耐心地有愛地工作，直到你讓自己變成關注的焦點，你才會發現自我，能夠吸引他人的友好和服務。你現在在抵制力量是因為你一定會去做你想做的，無論它能否取悅他人。不管他人的感受、自豪或者權利，你一定會去做縱容你的驕傲的事。

當然你不會這樣覺得！但是我敢保證這一個是事實。你不這樣認同的原因是你讓驕傲卡在你和真正的那個你之間。

下面是我寫給一位女性的另一封信，她的婆婆不喜歡她：

我認為你的丈夫和你的婆婆是對的。所以現在是輪到你去讓自己適應這個家庭環境，並時不時地探望你的婆婆，對她友好禮貌，把她當作別人的婆婆一樣去包容她。如果你不能夠跟她意氣相投，那麼至少要讓你自己處於友善的熟人層面上。你可以忽略她的缺點，在任何情況下都對她最友善。如果你為了丈夫願意付出任何愛，那麼你就會很樂意去為了

XIX 當你不能跟你的親戚和姻親好好相處

他讓事情變得順暢。我所有的同情都會跑向那個在女人的鬥爭中掙扎度日的男人。如果女人能發現這些怨氣多麼地渺小和可輕視的，她們肯定不惜代價地消除它。

要是你的婆婆很刻薄，那該怎麼辦呢？毫無疑問的是，你絕對會狠狠地責怪她的錯誤，就像她會挖苦你一樣。我也知道，你們可以忽略彼此的錯誤。在你們在一起的時候，你們也可以變得盡可能地友好和高興。我也清楚你們尋找對方的優點並放大它，因而感到快樂，你們當然可以縮小那些不愉快的性格特徵。我也知道你可以記住以下這點，就是每一個人都有缺點，應該被周圍人忽略，他的優點應該被眾人欣賞、表揚或者被他的朋友、熟人喚起。

這是你的責任和特權去放大人類生活中的上帝，即美好的東西（就是用上帝來表達的）；你可以訓練你的雙眼，那麼他們就會像上帝的雙眼一樣，對週遭的一切以純潔的目光看待，而不是盯著邪惡不放。

你可以放棄讓她成為你的朋友，但是你可以成為她的一個朋友；沒有誇耀，沒有做任何表現你的友善的事情，只有在你覺得她會欣然接受它的時候才與她結交。我也知道在你的婆婆對你很不好時，你可以不必很痛苦。我也知道，總之就是，你可以忘記七千零七遍，就是說要徹底忘記它。如果不是為了你自己和你的婆婆，你可以為了你的丈夫做到這些。

當然你已經很努力了，但是你要讓她改造過來而不是調整你自己。所以現在就改變你的策略吧。讓她成為她將會成為的人和做她自己。調整你自己，忽略那些讓人不愉快的特點，盡可能地令人愉快和有禮貌。不要經常去探望你的婆婆。就算你是愛她，如果你去的次數太頻繁，她可能會討厭你。聖經裡面有一句諺語是這樣說的：把他們的雙腳從他們的鄰居的房子裡撤出，恐怕會讓鄰居討厭你。不要將你的愛放太多在任何人身上，也不要花太多時間去探望任何人。讓你保持成為一個能友善地對待任何婆婆和女人的熟人。

　　這是你的職責和特權去調整你自己適應這些條件。無論你的婆婆喜歡你與否，或者你最終能否獲得她的尊重和友情，盡可能對她友善吧。然後你就會無限制地增加丈夫對你的愛。

　　請求精靈去引導你。保持平靜和清楚。如果你的婆婆不想你在她的鄰居面前發表意見，那麼就不要這樣做。不要在任何不想聽你的意見的人面前發表意見。

　　至於那些天賦，如果她希望的話，她有權利去多想一些。如果你和她都希望的話，你和丈夫有權利沉迷於它。你們都責怪她就太愚蠢了。如果只因為她討厭它們，放棄你所欣賞的事情就顯得太愚蠢了。如果你不能忍受傷害或者侮辱，為了丈夫的好處，有時你會變得很傷感。當你說這些時，我知道你在欺騙你自己。你可以在你的生活中解決你的

XIX 當你不能跟你的親戚和姻親好好相處

問題,你也可以用正確的方式解決它,這樣就可以讓你們三個聚在一起。活在愛裡,聽聽你內心愛的精靈說的話。

這是寫給另一位女性的一封信,她沒辦法跟她的親戚相處:

至於在你父親的家裡的權利,在你結婚後離開家庭一段很長很長的時間裡,我一定要坦誠著重地說,我不認為你在他的家裡有任何權利。

你的父親的家庭屬於他和他的妻子,即你的繼母。你在那裡沒有比你在家裡享有更多的權利。換句話說,除了你自己的家,你在任何人的家裡都沒有權利。除非你把愛和融洽帶進家裡,否則你在任何人的家裡都不會得到歡迎。

從你的信中可以判斷,當你帶走你留在那裡十年的財產,你聽到你的弟弟即將結婚,你懷疑父親可能會把一部分財產給他,你與父親的摩擦就是完全徹底是你自己的。在你留下這些東西給你父親這麼多年,你應該很高興地讓他保管這些東西,他喜歡怎麼使用都可以。無論這些東西是否要再拿回來。當然人們很容易忘記這些東西,他也會很輕易把它忘記。但是他透過合法的用途和愛的法則把這些東西如此平靜地保留了下來,這種愛是屬於他的並不是你的。

就我目前的發現,你的繼母沒有在你的家裡像一個外祖母一樣宣揚她的權利,她只是應你的請求來到你的家,並告訴你

她不能忍受嫉妒。她努力地嘗試讓自己對你和你的孩子友善，把自己當作孩子的外祖母一樣去適應和用心。她並沒有強調作為一個外祖母的權利，當然外祖母在孩子的家裡並沒有什麼權利。她只有為她的外孫和她家裡的孩子帶來快樂的特權。無論何時她發現她的到來並沒有帶來樂趣，她應該走出他們的家。直到他們請求她來前，不要再替他們製造麻煩。

整體而言，我當然認為你要有耐性地以自己對待所有東西的方式解決自己的問題，做一個對物質公正的絕對堅守者，走在物質心靈的道路上，而不是愛的精神法則裡。愛總是很樂意去讓某人擁有他自己的處事方式。我覺得是時候透過調整你自己，讓你和你的親戚融洽地相處。是時候讓你獲得第一個進步，並為你的嚴厲說對不起。

如果我處在你的位置，我會藏好父親家裡所有他想收藏的東西。和諧的愛是這個世界上最偉大的東西。在對比中，所有東西應該是同等價值。

對不喜歡她的兒媳婦的這位女性說：

你必須盡可能地放下你的情緒，包括對兒媳婦的怨恨、你對現在和未來的擔憂。我知道這對你來說有多麼的不容易。但是如果你想走出你現在的精神狀況，這是必須的。當你被你的擔憂困擾時，你是不適宜去行使你的權利或者做出決定。你也適宜去做任何關於你的將來的決定。

XIX 當你不能跟你的親戚和姻親好好相處

　　至於你和媳婦的關係，對於我來說，你掌握著解決問題的關鍵。你比她年長，你比任何人都有能力去和她建立和睦的關係。在一開始，你必須拋去你心中所有的抵抗。你不能夠強迫她去做你想讓她去做的事。你必須讓她在的內心釋放出來，接受她本來的樣子。你必須用心記住，在做正確的事情時她也像你一樣焦慮。

　　你的所有缺點都會被忽略。每一個男人和女人的真實部分都是美好的。壞的那部分因為被忽視和人的外在的限制性而被結束。當你想要媳婦成為那樣，你就在內心想著她本來的樣子，而不是她現在所像的樣子。每個晚上，當你躺在床上全身心地放鬆時，否定你心中對媳婦或兒子的所有怨恨。肯定他們性格裡的好特徵，譬如你想聽到的「你真好，我愛你」等。把你自己的善意展現給他們。不管你在這件事上有什麼樣的感受，都要這樣做。當你幾次都讓你自己變得肯定積極後，很明顯地，完全放下你內心的想法然後去睡覺。要記住你是這個大家庭的一員，這個大家庭也會好好照顧你。

　　讓你自己的內心告訴你下一步該怎麼走。變得安靜並讓唯一的生活向你表達它自己。當你的內心被擔憂充斥著，那麼就沒有機會讓你看到出路。擺脫擔憂和怨恨，透過這種對媳婦和兒子的愛的練習，使你自己平衡和獲得自控，那麼就會在一個更好的姿態中判斷出下一步應該怎麼走。

XX 怎麼轉變家庭中的嘲笑

「我不能夠成功地執行你的方案,即變得沉默。當我躺在床上,我也在強迫自己去集中注意力。我發現這個有很大的缺點,但是我找不到更好的方法。在一些情況下,當我按照你所說的去做,一些人碰巧去探訪我,或者在我的門上敲打直到讓我感到痛苦。之後在陌生人面前提起這件事或者在每一頓飯上說起它。在另一些方式我必須換人。所以在我躺在床上時,我進行集中力練習。」

總是有三個方法去面對任何情況。一種方法是讓環境去把他從他的意圖中轉變過來;或者他自己練習神聖的獨創性,去找到一種改變環境的方式或者找到一個可以解決他們的辦法;或者他對環境妥協。他可以讓環境改造他;或者他改造環境;或者在任何環境下,他竭盡全力做到最好。

上面這封信的作者選擇在這種環境下不改變自己。當然他從他的任何環境中的練習獲得一些好處,但並不是比他在任何情況下勇敢地闖出來,並做他認為的最後的事情時,所獲得的好處更多。

XX　怎麼轉變家庭中的嘲笑

　　那麼，當你在任何環境下生存，他自己做出驚人的表演和扭曲他自己。生命的條件是上帝給予我們的可以開出美好結果的生質材料。只有透過運用我們的獨創性去把他們轉變為漂亮的果實，我們才會在優雅、力量和智慧中成長。

　　我認識一個女人，她也活在類似的處境中，或者說比這更差的環境中。她有一個有老舊思想的丈夫，和從來不會放棄任何機會在親戚或者熟人面前去嘲笑她愛好新思維的孩子們。而且她對被嘲笑很敏感。有一段時間，她盡她最大的努力活著任何環境中，她淘氣地走進沉默中，保持新思維視野的開闊。

　　但是不管她多麼地努力保持她的狀態，她的丈夫和孩子都會找到她。那些玩笑會讓她變得像火焰一樣束手無策——這些火焰會在她的臉上呈現它的顏色。

　　她應該放棄嗎？她問自己。她應該等待環境去改變？但是在她的內心，她知道除非她自己去改變環境，否則環境不會改變。問題是，應該怎麼去做。她試過爭論、抵抗、懇求、哭泣、威脅，都沒有用。他們依然嘲笑她。她的丈夫認為新思維是意志軟弱的性別容易患上的一種精神病。他還認為嘲笑能醫好精神病。所以他在別人面前依然嘲笑他的妻子，當所有客人離開後，他用嚴厲和輕視來對待她。

　　這個女人知道她不是忍受嘲笑，就是得放棄她的新思維練習。後者是她不能去做的，因為新思維已經占據了她的

心。所以她決定在這件事上跟隨她自己的想法，像一個烈士一樣忍受嘲笑。但是當她臉頰泛紅時，那就意味著另一個受苦受難。

某天，她在思索耶穌的勸告——

但是我告訴你，你抵制的並不是邪惡：但任何一個人在你的右臉上重擊，你就在他的左臉還擊。無論任何人要強迫你去跑一公里，你就跑兩公里。

突然，她和所有嘲笑她的人一起大笑，而不是在所有人嘲笑她時，嘗試去保持她的尊嚴。當他們只想跑一公里，她就跑兩公里。一開始，這對於她來說似乎是一個不可能的任務，但在不久後她開始發現自己是在一個不帶個人色彩的方式上考慮自己，可能還會加入其他家人一起去開自己的玩笑。如果她願意的話，也可以去嘲笑別人。

她會很驚訝地發現她如何輕易地做到這些。當她感受到幽默的存在，她是如何隨時準備好。經過好幾輪測試，她能夠像他們一樣盡情大笑，她也開始享受玩笑的樂趣。

那麼你猜想會發生什麼呢？為什麼他們不會對一個不介意開玩笑的人開玩笑？當然他們會厭倦。那麼她就會很開心地想，她征服了對嘲笑的敏感性。它們曾讓她產生一千次無謂的痛苦！這些事情再也不會對她發揮作用，一想到這些，她感到自己很堅強並興奮起來。她也很開心當大家批評她

時，她可以跟其他人一樣去感受；她因為可以和其他人一樣表示同情感到很開心。

她發現她對別人的動機和行為的看法，從一個狹窄的角度轉變到從山頂上可以看到的開闊宏偉的視角。換句話說，她跳出了自我去發現自我。透過這麼做，她更好地了解到人性。透過這種更好的理解，她的愛意變得更濃了。

愛透過生活中細小的東西表現出來。她透過智慧和愛與別人交流並成長。他們也將智慧和愛回饋到她的身上。透過折磨她而建立快樂的他們，他們也想去取悅她。他們開始對她表示同情，用欣賞和體貼來對待她。簡而言之，他們接納她的觀點。當新思維的問題出現時，他們透過支持她而讓她感到驚喜！最終，他們公開地贊成新思維的教法。

這是一個女人在任何環境和行動中根據她內心的最高指引，去正當地闖出難關的成功做法。她改變了自己並改變了環境。

這並不是偶然。透過不變的法律、透過對邪惡和冷靜的不抵抗、對美好的堅定不移的追求，她改變了自己的環境，並將所有事情轉變成美好的結果。（你能猜到這個女人是誰嗎？）

順便一提，開頭這封信的作者是一個愛找麻煩的人，她透過同樣的辦法也可以做到上述所說的事情。所以每一個讀者也可以成功做到這些。

XXI 怎樣讓別人喜歡自己和怎麼表達自我

我是一個從未在男生中受過歡迎的女生，但是我意識到，我的快樂來源於愛和被愛。儘管我是一個成熟的女人，在我的生活中，我卻從未戀愛過。對於我來說，那些對我有興趣的男人（或者男孩）總是比我年輕，因此我沒辦法對他們產生興趣。當他們向我表白時，我總是覺得他們並不是真的表白，我也沒辦法再跟他們閒聊。

我很戀家也很愛家庭生活，但是必須在辦公室裡工作才能養活我自己。在工作中，我對於現狀也不是全部滿意。我很挑剔，也不允許任何冒失，無論是什麼情況引起的，所以我覺得我對男人來說是冷漠的。你能告訴我怎麼去克服我的問題，並讓我在正確方向讓男人對我產生興趣？── V.R.

從你信中的口吻可知，我猜想你是一個非常含蓄、不善言辭的女人。在這樣的案例裡，解決你的問題關鍵在於培養一個可以表達自己想法和渴望的習慣。當你開始這樣做的話，你會發現它有點難度。因為你不習慣發表你的感想，你

XXI 怎樣讓別人喜歡自己和怎麼表達自我

很難找到任何想發表意見的事情。

你要做的第一件事就是想像你將會表達的內容,然後把它說出來。對那些關於你的事情開始有興趣,並以小技巧、幾句話或者一些暗示去表達這種興趣;向別人表現友好的態度,並在恰當的時候表達出來。不要只在腦海中思考——要表達出來。

另外,每天花一些時間去想像自己和一些有吸引力、和藹可親的男人交談。我記得當我還是一個小女孩時,我對一個熟識的年輕男子怦然心動。沒有任何嘗試,我過去常常想像他將會單膝跪下並懇求我答應他的求愛。

我第一次想像他以這樣姿態出現在我面前,我整個臉都漲紅,從髮梢直到後背。但是漸漸地,我習慣於這種想法。最後,當他開始對我毫無興趣時,我一點尷尬都沒有。這對於我來說很自然。嗚呼哀哉,當他們注意到我的時候,這些對我不再有感覺了。自從我成年 12 年,我沒再見過這個年輕人。

後來在我的生活中,在一些大人物面前,我常常嘗試同樣的精神策略。在我的心裡,我見過世界上所有偉人。我以最禮貌的方式見過他們,我對他們暢所欲言。我總在提醒我自己,他們是這個世界上最偉大的人。就個人來說,我也是偉大的,在宇宙裡很重要。唯一的不同就是我是獨一無二的。我對他們或者世界的唯一價值就是向他們表達我自己的

正常想法和感受，就像他們剛從上帝那裡向我傳達而來。在夢裡和白日夢中，我見過愛德華七世（Edward VII）好幾次，還有其他偉人。當時，我很友善地跟他們交談，沒有想過我自己的容貌或者措辭。

所以當我開始見這些世界上偉大的人時，我感到很舒服就像是跟我的兄弟姐妹見面一樣。

這都是因為我學會了去正確地評價自我，考慮我自己的想法和動機，當這些想法和動機從上帝那裡傳遞給我；那麼這些肯定是正確的，否則它們不會在我身上表達出來。

回到我自己的案例：對關於你的一切，不管他們是否理解你，向他們表達最友善的想法、興趣和感覺。他們是否明白你區別並不大。在你的生活中，首要事情就是表達你心中所想。透過這樣做，你展現了最真實的自己，讓大家有了一次真正的機會去理解你並得到你的吸引。

你現在活著的日子很明顯地就是那種把你與周邊生命隔絕的生活，其實你就是活在缺乏表情的生活裡。醒醒吧，然後做你自己。就算是在一個辦公室裡，也要做你自己。這並不是意味著你必須整天把時間花在與身邊人交談和傻笑。但是它意味著，當你想笑時，你應該笑。當一個美好的東西出現在你面前，你要聰明地把它說出來。當你對你身邊的某個人感興趣時，你就應該表現你的這種興趣。

XXI 怎樣讓別人喜歡自己和怎麼表達自我

找一種社會生活吧。如果你想不出更好的東西,就去教堂或者對聖經班的課程感興趣。通常一個混合的聖經班會將個人的友誼變得有趣和豐富。去聽演講、出席派對、參加燒烤、聚餐或者任何東西,或者任何你可以認識到和交到新朋友的地方。

要記住無論你去哪裡,為了獲得你的方向,你要向別人包括男人和女人,年輕的和年老的,體貼地、友善地表達自己。

沒有社會會比你自己做的更多。有些人把他們自己呈現在你面前,所以你必須把你自己呈現給別人 —— 表達你的想法、你的興趣、你的友好的想法、你的善行、你的微笑和欣賞。你不需要交談和取悅別人,大多數人寧願選擇一個傾聽者,而不是丁尼生‧布魯克這樣的健談者。

要擁有朋友,就做別人的朋友 —— 把這種方法實踐在任何你遇到的熟人身上。

不要有嘗試去變得有趣這樣的想法。做你自己並表達自我。對周圍的人表示興趣、友好和愛,嘗試去理解他們,嘗試去把他們的興趣變成你的。漸漸地,你會發現表達你的興趣很容易。我認識一個女人,她嫁給她的富有的僱主。他們說他一開始被她吸引是因為無論辦公室發生什麼不好的事,她總是對別人的需要很留意和熱心。

XXII 賺錢和花錢

有一個男人這樣問:「有沒有可能在一個人獲得財富的同時,不會讓另一個人變得貧窮,至少不是直截了當地?」

大多數是肯定的。不是手上的錢讓某個人變得富裕,而是那部分他聰明地循環的錢。去獲得財富的唯一方法是聰明地花錢。如果我花了一美元在一個無價值的東西上,我就再讓自己變窮。如果我花了一美元在一個比那一美元還值錢的東西上,我就再讓自己變得富有。

在花錢和用錢投資兩者間有所不同。花錢就是不聰明地把錢花了出去,即會帶來衰減的收益和在你的嘴巴裡留下不好的味道。投資就是把錢花在會帶來持續的收益的東西上。這種持續的滿意會每天轉變成為金錢。

持續的滿意是生活的樂趣。它會豐富人的獨創性和增強人的能力。

我可能會把五美元投資在一個十四節課的晚餐上,結果就是帶來消化不良和失去體力。我也可以把五美元投資在一本書上,並從中獲得建議和靈感,藉此讓我再賺到一千美元。一

XXII 賺錢和花錢

開始,我花了錢,但什麼收益都產生不了。後來我聰明地使用錢,在花錢的同時我收穫了健康、精神、心靈和物質。

那個賣書給我的男人,和這個世界其他東西,都希望得到從滿意的中心輻射出來的祈禱。

我的鄰居可能因為同樣的一本書支付了我五美元,並隨之而來不滿意而導致精神的消化不良。這種不滿意會把咒罵落在店員的頭上。

所有這些讓我想起艾默生說過的話:「每一個都介意他的鄰居有沒有欺騙他。但是也有他擔心他不應該欺騙鄰居的那天到來,於是一切都發展得很好。」

如果你曾經成功,成功依然會發生,因為你掌控著你自己、發展你自己、引導你自己向對你有用的方向前進。

世界不會向任何人支付金錢,除非那個人想把工作做好。

如果你比你的鄰居工作得更出色,如果你提出要求的話,你可以要求得到更好的待遇。

除非你為這個世界工作,否則它不會給予你更好的薪水。同時,你要相信你自己的權力,堅持去捍衛它們。

但是如果在世界支付你最高的薪資前,你從未做出好成績,你就永遠不會獲得高報酬。你必須做出一點成績,那麼這個世界就會驚醒並注意到你的成果。無論你是否獲得支

付，你必須這樣做。

　　換句話說，當你在任何行業開始工作時，就算薪水很低甚至沒有薪水，你都應該認真工作。這是為你的工作推銷的表現。當你身邊的人需要你的工作支持，你就可以根據正確的法則，調整你的薪水。

　　但是如果你因為周圍的人沒有為你的工作支付足夠高的薪資，對他們充滿怨恨、輕視和猜忌，那麼你就把你自己和你應得的好酬勞背道而馳。

　　所有的嫉妒、批評、挑剔和難受會對你產生負面的效果，以致無法吸引你想要的東西。

　　善意則相反。以善意對待公平與否，就起到正面的作用，讓你可以吸引想要的東西。

　　如果你讓自己充滿善意，它就會發生，就像你把電線的電源開啟，電流會傳遞從而會讓電器工作。

　　如果你讓自己對世界和身邊人充滿嫉妒、怨恨、批評和挑剔，它就會奏效，就像你把善意的力量封鎖掉，導致你做不到你想完成的工作。

　　簡單來說：要爭取勝利並堅持下去。做好你的工作和用善意去做這世界的事。你的工作要求增加的同時，薪水就會隨之上漲。

生活也有另外的一面，即系統化。無論你的收入多低，它都應該被管理。這意味著總有一些錢存在銀行帳戶裡，為機會的到來做準備。仔細地想一想，把錢分配在有必要買的東西上，耐心地想想你的帳戶不是留到最後的，而是計算在最重要的東西上，譬如付錢給食品商。就算只是 25 美分的硬幣，你也可以看到你的帳戶餘額每週每月地增加。

在有任何享受前，你都支付了你的帳單。

如果你搜尋一下你自己，你會發現就算是很貧窮的男人都會沉迷於奢侈品裡。浪費就是他們沉迷的最大的奢侈品。假設在同一個地方，廚房裡的小女孩比一個夫人更浪費得多。這是因為她更粗心和對東西的掌管、控制能力不夠堅定。

貧窮的男人比那些收入更多的男人趨向於更浪費。這都是因為前者更不會管理資金，不會計劃費用支出。否則的話，資金會以最後的方式投資，為存款和意料不到的事留下好的利潤。

馬上你就會明白，浪費是一個相對的定義。如果錢是往你並不是真正想要的東西的方向，或者沒有在你想發展的方向使你前進，那麼這些錢就別浪費了。

紐約大學的財務主管法蘭克‧安德魯斯‧弗拉說過：「將你的費用支出系統化，那麼每一美分都會發揮它的力量。」

XXIII　給被緊迫債務困擾的男人

你的問題就是你覺得你自己有問題。除了這個你並沒有什麼問題。不要再找什麼麻煩。如果你是在不同的地方的另一個人,也不要找出為什麼東西不是它們本來的樣子的原因。

接受你自己本身。

接受你所處的環境。

讓自己在所有東西本來的面貌裡獲得快樂,因為每一樣事物都代表讓你去把它轉變成美好結果的機會。

你看,你祈禱很多東西,總是充滿信念、用智慧、力量和愛相信你的統一性。無論是什麼樣的東西,你都希望相信你會獲得並擁有它們。換句話說,在精神和事實上,知道你想要的東西總是屬於你的。在內心裡,你無時無刻都在被指引到正確的方向去解決問題。

現在繼續去取勝和堅持下去。當約翰‧衛斯理(John Wesley)有很多額外的工作要完成,他早上就會花很長一段時間去祈禱。無論有多少工作從外湧進來,你都不願意花時間在沉默和練習新思維療法中。這是獲得你想要的智慧並擺

XXIII 給被緊迫債務困擾的男人

脫那些工作的唯一方法。如果你足夠聰明的話，你一定會找到那些錢。如果你想把智慧挖掘出來，你必須在沉默中開挖，智慧就會如噴泉般湧出來。除此之外，別無他法。智慧的來源只有一種，那就是在你內心的上帝那裡。

你過去所做過的錯事跟現在的事一點關係都沒有。無論你是否採取正確或者錯誤的行動，你並沒有比大家每天都做的多或者少。我們都會走錯路或者走對路。我們上一年或者上星期做過什麼並沒有多大關係，我們現在在做的事才重要。現在透過公正打破罪惡感吧。要記住過去並沒有什麼用處，除了從那裡獲得經驗。領會這些課程，喜歡它們。但是要忘記其餘一切。清除過往的行為記錄！每一天都清除一次，開始一個光明新鮮的時刻！在世界上，如果把整天的美好時光花在思考你上週、上年或者上一個十年所犯的錯誤中，這多麼浪費呢？讀一下《以西結書》(*The Book of Ezekiel*) 吧，你會知道上帝探訪任何人的罪惡時間比那些人沉思於自己的罪惡時間還要多一分鐘。當靈魂向上帝請求原諒它過往的錯誤時，上帝的所有關懷和智慧都會幫助那個靈魂實現它的心願。

你只能從你的祈禱中獲得短暫的釋放而不是解脫，這究竟是什麼意思？真正的解脫是一個精神層面的東西，從焦慮、煩惱和感官錯誤中獲得解脫。真正的解脫是從不正義

的想法中獲得解脫。當你用這個詞時，你指的究竟是什麼意思？還是你在觀看外在的面貌時犯了錯誤，因為你仍有債務並努力地去實現你尚未實現的東西，你認為你不是被傳遞到位？如果真的如上述所說，你就是在錯誤的方向上尋找解脫的證據。所以你應該關注內部。

如果你仍在為其他事情奮鬥，你怎麼能夠做到從你的債務中得到解脫？除非獲得自由、超越極限、償清舊的債務、不斷地接受新的債務，否則沒有人可以成長。但是你的問題可能是你吃的比你能消化的更多。可能你很努力地解決你的經濟問題，沒有考慮突發的事件，這是在每個問題中最可能發生的因素。為了消除非不確定的影響程度，你應該做好每一手的準備。

當你建造一個房子時，你把所有東西計算在內，然後得到一個合約價格，之後你還需要加上至少 50% 的價格去彌補可能會發生的意外事件所造成的影響。當你開始一項生意談判，你應該盡可能地計算精準。你也應該認同至少需要有 50% 的額外費用來支付金錢和利息。否則的話，你會發現你總是泡在溫度不變的燙水中。

你把你的事業放在這麼一個立足點上，當帳單到期時，你才可以立刻支付每一個帳單。如果你想遠離經濟上的熱水，這是最重要的一件事。保持你的信用記錄良好，預留一

XXIII 給被緊迫債務困擾的男人

定的貸款量,去覆蓋意外事件的需要,如費用或者機遇。意料之事更可能是一次機遇而不是一筆費用的支出。

在你的生意計算裡培養徹底性,還要記住在所有生意裡,最重要的事就是當帳單到期時要及時支付。要利用好貼現的每一美分,就算在沒有打折的情況下,也要及時地支付。耶穌(Jesus)說過:「不要隨便發誓言,但如果你發了的話,就要信守你的誓言。」無論你要承擔什麼樣的責任,都要十分小心,不要讓任何人有機會說沒有盡到你的責任或者延遲履行你的義務。如果你把所有貼現都計算在內,你每天都在累積多餘的信用。當某個大的機遇到來時,你就可以利用這筆錢。但是你保留下來的信用不應該在十年或者更多的時間內一次性被使用完,而應該短暫地被利用。因為信用就像是銀行裡面的一個準備金,不應該被用盡而且應該儲存在那裡為機遇的到來做準備。如果你現在仍處在某種熱水中,你就是因為缺乏良好的信用才把自己置於這種情況下。

犧牲一些來出售你的部分土地,或者做一些老舊的東西讓自己處於某種基礎上。這種基礎可以讓你在恰當的時間點及時地支付。如果我現在要穿你的鞋子,要是在一般的途徑裡,我沒有辦法獲得更多資金,讓我的每筆生意能夠處理當前債務資金的支付,我會匆忙地趕到某個地方,獲得某個人的貸款資助,給予我的貸款足以讓我將所有東西放在這個資

金基礎上。我會把這看成比得到土地更重要的事情。我認為我管理它的方式跟你管理土地的方式相差無幾。找到某個對我有信心的人，讓他提供我足夠的資金並不要催討我還利息或者本金。我會嘗試找到這樣的一個人，願意很長一段時間在我身上下賭注。如果我不能夠做到這個，我會走到我的其中兩三個債主那裡，陳述這個事實，獲得他們的信任讓他們短暫地持有我的帳戶一段時間，直到我可以獲得資金去支付債務。對於我來說，相比任何東西，這應該值得盡力去做。

在你的社區裡，應該一樣使用這個準則。你的社區現在一定有很多人，定居者忙於他們的農活。把這些人集中起來，解釋給他們聽以下的道路。為了吸引更多的人，你必須在一個中心裡做一個開端，你也要確保這個中心將會建立得十分漂亮。為了大家的利益著想，每週一天把社區的人們集中起來，或者兩週一次或者四週一次。找到一個人知道怎麼在理想的農場上建立一個市民中心。種植樹木，鋪柏油路，如果你實在不能建更多的建築，那就建一個院子給他們。從一個很小的中心對社區進行美化，然後盡你能夠支付的額度向周邊的環境輻射。我可以想像現在整個地方讓人相當瞧不起。如果你想為這個地方建造一個吸引人的中心，發現人們為獲得入住這個地方的權力而向你支付金錢，那麼你一定更會美化這個地方。

XXIII　給被緊迫債務困擾的男人

　　我不是說要你在某些人買這塊地之前就做出某些東西，但是你必須要建一個對於他們來說漂亮和吸引人的中心。首先，你需要一個會面的地方。它不需要建造昂貴但是它需要漂亮、精緻，有光亮的地面、美好的樹木、筆直的道路等。記住不要去承擔超出你的能力範圍，讓其他工人去努力。你必須有那麼幾天讓每個男人去參與公共的事務，所以意味必須有一個領袖。他不僅要充當一個靈魂而且要做一個領導者，他必須承擔這份工作，在這些日子裡，為了公共的利益管理這份工作。當你有某些東西可以著手開展時，你可以為你自己自豪，並驚訝地發現大家怎麼聚集在這裡。當然這需要付出錢的代價，但是如果你能正確看待自己，和擁有徹底的和美麗的主意，如果你能夠讓移民們集中一起，激發內心的合作，你就能夠用很少的錢創造出奇蹟。

　　我希望有人可以雇用我去做這樣的一份工作！我喜歡走到那裡，看著那個地方，計劃出我心裡所想像的事物，然後邀請一些有錢的朋友去投資我組織和美化的能力。沒有別的東西比那種工作更讓我感到開心。我相信我可以做到這些，那麼它也會引起當地人的關心和注意！我總是有這樣的夢想，可能某天我真的可以得到這樣的工作。現在，我就是在做這樣的工作，雖然規模較小，在一個只有 27 × 34 公尺的地方建一座新建築等，有 25 名員工作為我的員工。

但是我想在一個集體小鎮上和這麼多鄰居去合作和完成它。我對你那裡的工作很感興趣，如果那個選址真如你在文章中所說的那麼好，我不知道為什麼你不能做出一些又好又盈利的事業呢？但是，親愛的，當我知道你要從早上6點開始坐車，坐到晚上5點才能到那裡時，我的興趣銳減！哪裡有鐵路可以如此近地到達那裡？你又怎麼把貨物運到市場上？為什麼你不能讓所有鄰居合作起來，建造一個鐵路可以通往你們的小鎮，而不是搭乘那令人不愉快的汽車？我想你開始可以在軌道上開一部手動的火車，直到你可以買一些清潔式能源的火車如蒸汽或者石油。我不明白你為什麼不可以切斷你和那邊的關係，並利用公共合作去建造你的道路，透過團隊的力量，你把你的貨物運到市場只花了原來的四分之一的費用。對於我來說，在那樣的一個地方，你需要的是一個會組織的領袖和一個可以帶動人們的熱情去工作的靈魂！

　　但是如果我處在你的位置，我可能有另外的想法。但是我可以告訴你我不會在那裡逗留很久，但我仍會讓一切如常運作。如果我不能做得更好，我會清除掉15公尺的廣場並在那建立一個風景區。如果我不能夠讓他們合作，我會自己去完成它。我想每個人都會對美容中心感興趣並想解決一些問題。

　　你說違反經濟法律然後依賴於完成上帝的旨意，這聽上去很有趣。同樣地，它也是一個很普通的失敗。一個人應該

XXIII　給被緊迫債務困擾的男人

不要遵守上帝定下的規定，然後在上帝那裡也要停止這種活動，這似乎很有趣。事實上，很多人都這麼做。上帝叫你不要許下承諾，但遵守你許下過的承諾。但是做生意的人很容易許下一些沒辦法實現的盲目的承諾。然後他相信上帝會為他創造奇蹟。有時這樣的想法奏效，但有時又不會。

這讓我想起新思維的人們蔑視所有規則的正義的方式。他們相信運氣和一些證實性的東西，如水會流上山來去取悅他們。我讀過一則故事，它講述一個新思維的女人冷靜地走過一顆屬於另一個女人的價值 800 美元的鑽石，並相信運氣會讓另一個女人的心奇蹟般地緩和那個離開她的寶石的女人的需要！

這再次讓我想起另一件事，那就是艾默生告誡布朗森·阿爾托別再偷他的馬鈴薯。當阿爾托怒視艾默生並唐突地回答：「我需要它們，我需要它們」時，阿爾托不斷地將馬鈴薯鏟到他的單輪手推車上。

如果你在違反任何普通的經濟法律，請停止吧！上帝的首要法則是：你必須勇敢地面對你導致的其他人對你的期待。如果你作出對某樣東西的承諾，你必須堅守你的承諾，否則你就是在打破上帝訂下的規則和經濟法律。讓你自己和經濟法律成一致，你會發現祈禱和安慰的解脫作用。跟上帝保持一致就是和人類保持一致。你對上帝所做的就是你對著

最少的人類所做的最多的事情。覺得如果你在別人的角度上思考你就不會介意，這樣的自欺欺人是沒用的。你其實是介意的。如果你站在別人的角度，你就會看到別人所看到的事情。當你不信守承諾時，你將會和其他人一樣發瘋。

但是無論你有什麼樣的問題，這只是一個思考者的糾結。內心裡，你可以十分正確。無論你可以實現這些想法與否，你是和上帝在一起的。你就正好在那個正確的地方可以讓上帝的意志貫穿在你身上，從而讓你獲得智慧和力量。保持冷靜和清楚。

如果你身負重債，不能支付你的帳單，那麼和你最大的債權人坦誠地交談吧。在可以支付較小的債務前，把最大的債務先擱一邊。然後你再盡可能快地支付那些金額較低的債務。讓你的每一個責任解決掉，每一項債務其實是同胞將你置於地獄的一次投票。最好有一些大的債務而不是很多小的債務。

我曾經發現我自己在那個我想像你可能置身於其中的環境中，只是規模較小。我遇見兩個男人，並告訴他們我為什麼來到這裡的。我猜想他們已經覺得我是一個流浪漢。但是他們沒有這麼想，而是善良地對待我，並願意等待數年去讓我還清債務，如果我需要他們的錢的話。然後我開始一一還清較小的債務，很多其實並不是我造成的債務。漸漸地，我開始要面對大的債務。雖然要還清這些債務花了我好幾年，

XXIII　給被緊迫債務困擾的男人

但我最終還是還清了。從我獲得那兩個男人的理解和還清較小的債務後，我感到一股自由。那兩個債權人並沒有譴責我，而且我發現他們寬恕我的就是在天堂中獲得的寬恕。我發現我開始在工作時感到自由，並以我前所未有的方式賺錢。事實上，那是我開始賺錢的開端。

看在上帝面上，不要再犯這樣愚蠢的錯誤——透過為別人做擔保來成為別人的債權人。世界上沒有一個人可以有為別人擔保的權利，除非他的財產可以覆蓋擔保所帶來的損失。換句話說，如果你在所有債務和責任之外，在銀行裡存有一千美元，那麼額外的一千美元可以累積而來。當你為另一個人做擔保時，你就可以實現這個意圖。這是我從我的父親身上學到的一個小技巧。當我還是個小女孩時，我的父親是奧勒岡州裡數一數二的木材製造商。因為他為其他人做這樣的擔保，我對此很好奇，所以才學會了它。他總是為其他人做擔保，當別人不能及時還錢，你就得擔憂並為別人還清債務。透過他的擔心，我對箇中原因很清楚，還獲得了完備的智慧。這種智慧是他透過他的艱辛的經歷累計而來，他勸誡我不要為別人做擔保，除非在我有多餘的金錢去彌補它可能帶來的後果的前提下。我記住了他的話，至今為止仍然快樂地過日子。

XXIV　有吸引力的個人

　　我寧願選擇相關這個詞而不是吸引這個詞。這兩個詞之間有很大的不同。如果我想吸引某些肉食性的男人手中的沙袋，這暗示著我身上的某些品質對於他們來說就是一種建議。如果我用「相關」的話，它只是暗示普通的起因關係讓我們走在了一起，但是那個男人同樣會十分樂意去遇見一個更有潛力更漂亮的獵物去作為他的沙袋練習。在任何方面，我都無法了解個性。我也覺得很多人可能把他們跟怪人和傻子聯繫在一起。缺乏意識的人總是破壞事物然後走開，相反的人就是和藹的有禮貌的！我都不知道我要說些什麼了。

—— 朱莉安娜。

　　我會幫助你完成你沒有完成的判決！你說：「沒有意識的人只會破壞東西然後走開，其他人——」

　　我會告訴你其他人是怎麼做的，他們只是坐在那裡，享受他們的高尚清廉。他們安靜地坐在那裡，享受把責任歸咎於別人身上帶來的快感！他們很享受在原因的迷宮中閒逛，追尋那些可以講清陳述意思的句子。那句陳述是這樣說的：

個人就是一個自製的磁鐵，把那些與它相關的條件吸引過來。

個人主義是一個很龐大的代替主義。他總是在選出那些最好的詞句，但並不能傳達所有的意思！例如，他喜歡這樣敘述自己。不涉及自己的錯誤，涉及那些不好的環境，但是他沒有透過自身獲得這些條件。以一位男性為例，他習慣於否決這些癥結點的存在，而不是承認這些起源和擺脫它們的困擾。他說他會堅守他的誠信，儘管他不得不讓上帝和原則也當他的謊言的墊腳石。

有一些人，在他們走出不愉悅的關係前，他們使自己獲得了自由和裝傻。在這些案例裡，他們只是破壞東西，因為東西是用來被破壞並被一些更好的東西所取代。

他們只是打破了傳統，帶來可以讓他們前進的自由和機遇。回顧過去，他們認為它是目前為止發生過最好的事，但是他們不能夠預見這也是其他人所遇過最好的事情。

時間和經驗可以證明行動的正義性，除了它們沒有別的可以做到。如果某人沉溺於他只是個受束縛的人這種消極的思想中，那麼就算他衝破這樣消極的意識，他也做不到。除了他去尋找自身的原因，沒有別的東西可以證明他自己。

你寬恕了別人的事實並不會讓你在上帝面前得到寬恕。上帝指派給我們的旨意和工作，讓我們去寬恕別人的原因就是我們先要寬恕我們自己。

自我辯解讓你在敘述你自己和所有美好事物給上帝時變得聰明，例如，接受你自己就是一個自製的磁鐵，吸引一切適合你的條件。

　　伴隨著這些，還有那些與它們相關聯的自身條件。它們只是好的準則給出的對立面，擁有了它們你就可以解決新出現的問題。

　　當你袖手旁觀，指責某人莫名地將問題擺在你的面前時，無論是出於什麼利益著想，你都不會動手解決它。因此，你還是得面對這個問題。

　　當你接受新思維的第一條準則時，要清除掉你內心的雜念，並採取相對應的行動。在你發現你可以絕對自由地來往和按照你內心想法的催促下行動前，這並不需要等很久。

　　你的問題就是你沒有把自己放在神壇上的這種方法論者的經驗。你過多地活在你的理性裡。

　　理性可以證明任何你暗示給它的東西。除非你把自己放在聖壇上，並從最基本的新思維法則中行動、思考和感受，否則你不會從侷限的環境中得到釋放。

　　直到上帝啟發你內心的理性，你才會發現真正的自我。

　　在這之前，你可能還在欺騙自己，以為自己在解脫別人。你只是在愚弄你自己，因為一個人不會解脫另一個人。

　　是的，我知道這是耶穌的一個傳說。「他拯救了別人，

但拯救不了自己。」但是這是誰說的？殺死他的猶太人，只是看到了他的屍體。如果我們願意相信紀錄的話，耶穌拯救了自己並讓自我的身體和靈魂復活。透過在你那獲得的東西帶來的用處，他解脫了自己，但是這對於你來說，不會帶來什麼信用。而是透過他在你身上看到的或者學到的，然後他自身來實踐，這樣才會奏效。所有的信譽最終會屬於他。

你支付給別人的錢只是買到了他們可以使用或者拒絕的環境，這些都不屬於他們本身的。

你可以讓你的美德閃耀。當你的雙眼並不只是停留在一個事實上，即個人就是一個自制的磁鐵，可以吸引一切條件到他的身邊，包括好的和壞的，你的美德就會真正地恰當地閃耀。透過個人自身，每一個條件都足以應付其對立面來解決新的問題；個人自身總是絕對地自由，無時無刻都在選擇他所思考的，要嘛是絕對的真理，要嘛是侷限的謬論。

朱莉安娜，醒醒吧，掌握你的統治權！因為缺乏使用，它有點生鏽，但它仍然是一個十分好的統治權。

透過選擇真理性的想法，掌控你的思維。

你不能在其他人身上獲得控制權。

XXV　怎樣利用
個人力量的儲備室

　　我是一個本質上容易衝動、緊張的人，總是聽到別人被稱讚有著開朗活潑的性格。我發現這樣的活潑性格也適合我。但是當我加入一個輕快、開心的交談時，我卻感到很痛苦。但是如果某個人總是把他主觀的自我嚴格地控制，他就會變得很古板，而我是想變聰明和活潑。為了做到這些，我必須控制自己和情感本質嗎？還是我就隨心所欲呢？

—— D. O.

　　用所有方式去控制它。主觀的或者情緒中的自我是最好的僕人，但卻是最差的管理者。

　　世界上所有的邪惡都是將權威從客觀變為主觀轉化而來的結果，還是讓情緒從潛意識和理性中釋放出來的結果。

　　所有不開心的反應都是由於力量的浪費，這就是從權威的轉化而招致的結果。

　　情緒化的或者主觀的自我是個人力量的儲藏室；客觀的

XXV 怎樣利用個人力量的儲備室

自我就是這種力量的管理者。聰明地使用這種力量會帶來快樂。讓情緒放任自流，就像是啟動一部汽車，然後躺在汽車椅子上大笑，或者哭泣。因為汽車會一直按照它的速度運行，殺死或者撞傷阻擋它前進的任何東西。那種大聲的、歇斯底里的咯咯大笑違背了這種情緒，跟控制力量背道而馳，個人的力量則處於安全線以下。

力量的浪費，情緒的過度放縱，而不是適當的情緒釋放，注定要帶來沮喪的後果。

這種沮喪是由於情感力量的耗盡，當情緒的系統恢復時就會消失，但也意味著更多的力量被儲存起來。

基本上所有的憂鬱都是由這種反應引起；力量在於精神或者身體的強烈反應，如生氣或者焦慮、或者說是正當的憤怒、過多的同情、或者開心的時刻而被浪費，然後我們就好奇我們為什麼變得這麼沮喪。我們開始釋放自我，痛苦地哭一場。哭過後，可以讓我們放鬆，快速地進入睡眠，一覺睡醒就會忘記所有的沮喪並訝異我們之前怎麼了。事實上，更多的力量已經被產生了。

真正快樂的祕密在於控制自我的情緒，這才是快樂的來源；如此保留你的情緒力量，那麼它就不會降到某個節點下面，那也意味著已經儲存了大量的情感。

當某個人第一次開始去發現和保持這種狀態，他感到他

再也快樂不起來。因為他必須壓抑他所有的快樂，變得悶悶不樂和沉著。但是這是一種錯誤的想法，當他能控制他的情緒時，這種想法就會消失。

開心和樂趣是具有一定的高度、深度和廣度。除非某人是沉著的、有控制力的，否則就不能夠接觸到它們。

它需要情緒的力量去享受其中，力量儲存得越深，快樂就會更深入，那麼更多的力量就不會被浪費在喧鬧的行為和吵鬧的噪音中。

一個人並不會壓制他對某事件的開心；他只是壓制一些他對開心的不必要的表達；每一個被壓制的情緒就會讓他手中殘留更多的力量去享受這種愉悅感。當他適當地抑制他的情緒釋放在大笑和不必要的行為中，他就深化了他的這種享受樂趣的力量。

笑只是停留在表層，真正的快樂是埋藏在人類的內心。

如果力量被浪費，情緒不受控制，那麼他就應該控制情緒，這樣才可以讓他對快樂真正深度的了解。

衝動和緊張是由於情緒力量的耗盡，是由於讓情緒、主觀的自我去掌管清晰所引起的。如此多的力量被浪費在不必要的情緒主義中以致留下不多的力量可以用來享受，也就是說深度不足。這就形成了把情緒浪費在最無價值的事情上的習慣，如果有其他更美好的事情到來，已經沒有力量留下

XXV 怎樣利用個人力量的儲備室

來。這都是因為情緒過量表達。那些並沒有學會掌控他們情緒的人從未感受到徹底的快樂。

治療所有緊張、衝動、狂暴的情緒主義者的一個方法就是保持冷靜；砍斷所有的不必要的浪費，並充滿蓄水池。

活潑的性格有兩種。一種就是過度釋放能量，忽略個人力量的蓄水池已經接近枯竭的危險邊界的事實。這種活潑最終會以哭泣收場，最終變得沮喪。另一種活潑就是蓄水池充滿後的表層情緒表達。一個就像是搖晃一個碗口很淺的快溢出來的水；另一個就像是一個平靜的湖面泛起的漣漪。當湖面因為開心的微風泛起層層的漣漪，湖面下依然保持心情的開心、寧靜。那碗水因為開心的表達而被耗盡；而潔淨的湖面則享受漣漪的樂趣和大笑。

湖越大，浪就會越大。同樣的風在一個小池塘會泛起漣漪，在密西根湖（Lake Michigan）則會引起大白浪。湖越深、越大、越廣闊，浪就越大。那麼一個人如果保留更多的情緒力量，他就越能夠控制他的情緒。大笑有時違背內心的空虛和儲備；有時也會背叛它的寬度、深度和豐腴度。透過這種敲擊，聆聽者能更好地傾聽。誰會不因為音樂性的、豐富的、有感染力的大笑而泛起內心的漣漪呢？並對深層的、歇斯底里的大笑表示關心呢？

音樂性的大笑，大聲的或者溫柔的，截然不同地反映了

情感力量和真正的快樂的儲備程度。刺耳的、非音樂性的大笑、緊張的笑、大聲或者溫柔的，意味著緊張的或者情緒的耗盡、較淺的儲備情況，淺層的愉悅感或者什麼都沒有。音樂的或者非音樂的說話聲也是暗示一些個人力量的狀態。平滑的、優雅的、聰慧的姿態是一個充滿的蓄水池的暗示；粗魯的、愚蠢的、不必要的行為則暗示消耗。

　　生活中最重要的事情就是縮短不必要的大笑和行為的浪費。情緒是靈魂的力量，實現生活中所有偉大和渺小的事情。每一個人可以獲得無限的靈魂力量，從普遍的蓄水池裡不斷地湧進他那裡。但是如果他使用的速度跟流進他那裡的速度一樣，將它應用在生活中的一些細小的、不重要的瑣碎東西上，他將會沒有力量去做每一個靈魂想做的事情。如果不是建立了宏偉的大壩，將力量儲存起來，並在落差中得到能量釋放，那麼世界能從尼加拉大瀑布（Niagara Falls）獲得多少力量呢？如果你完成偉業，你必須認識到你的能量不應該浪費在一些沉穩的細流中。

　　每一個動作，每一次思考，只需要用一定額度的情緒能量。每一次對動作或者思考的抑制會讓蓄水池獲得更大的落差；正像大壩每增加一塊石頭，增加它的高度，就增強大壩的能量。在這個美麗的世界，我們有很多美好的事物可以做和思考，不必將我們的力量浪費在無意義的活動中，譬如敲

XXV 怎樣利用個人力量的儲備室

我們的大腿或者手指,搖晃向前或者向後,尖叫等。

透過做這些事情我們學會了怎麼去做;我們難道想做這些無用的事情嗎?當然不是,它們是浪費時間和不美好的。

我們可以透過去阻止它們而學會去抑制它們;為了去做更有用和美好的事情去利用更深層的力量。每天花半小時來變得平靜,會讓我們的蓄水池的深度變得令人難以置信。每一次我們記得去抑制一個不必要的搖晃或者敲打或者煩躁時,我們就為我們的力量的深度加深了一分。這些都可以透過一些實踐得到驗證。

我們的能量就是我們的靈魂力量,同時也是我們的智慧。當我們的能量增強時,我們的智慧變得更有深度,我們的幽默感也加強。靈魂的力量是愛和智慧,個人唯一的單一的內在動力。這個入口大還是小,取決於他讓能量消耗的速度,或者為大的用途儲存能量的多少;也根據他只是讓情緒流動,因為個人的使用而讓它遭受破壞而變化。

是的,所有事情都有大量的靈魂力量。但是這需要時間去建造一座大壩,羅馬也不是一天建成的。如果一個男人將情緒的尼加拉大瀑布釋放在一些無價值的場合中,那麼他就要花費他大量的時間在修補這座大壩上。那個把他的力量點滴花費在輕率的、沒用的行為中,將會使他的尼加拉大瀑布的力量全無。

你知道通向天堂的鑰匙是自控力嗎？現在就是使用它的時間、運用它的地方了。地球上就充滿了天堂，等待被人類使用而保留下來。愛、力量和智慧透過你的表達而湧現出來，但是不要讓它流得太快，不要把它浪費在輕率的、愚蠢的表達裡。阻止浪費；將力量運用在聰明的方向，讓潮汐隨你而漲而落。之後你才會碰過你想做的偉大事業，你才能充滿力量開心地去做這些事情；這樣你才不會產生沮喪的後遺症。

　　這是天堂，靈魂深處最高的天堂。這扇門也為所有人開啟。

　　重要的能量是靈魂的力量，這就是愛和智慧混合的力量。

　　身體就是最重要的或者是靈魂力量的產生途徑。

　　天堂和地獄是作為人類的兩種狀態。身體充滿生氣勃勃的或者靈魂的力量，就會體驗到天堂。

　　反之，身體耗盡了能量就像活在地獄中，那裡充滿狂暴的生活，浪費人類的生氣勃勃或者靈魂的力量。

XXV　怎樣利用個人力量的儲備室

XXVI 先天的印象

接下來談談母親對未出生的孩子的影響,這是我們一個美國中部的朋友剛寄來的信中的一部分。在信中,它闡述了他的個人經驗,他覺得應該讓每一個潛在的父母意識到高思維和高投入的重要性。

我告訴過你,我的妻子是、或者曾經是一個虔誠的羅馬天主教徒,從未有過機會在這個受神職者壓制下的國家裡成為任何人物。如果房子裡沒有一個木製的耶穌和一幅聖母像,你是不可能保留你的房子的。所以我給了她一個漂亮的大圖片,上面畫著瑪丹娜和孩子。這幅畫受過主教的祈禱和聖水的灌溉,以致它美麗的邊框有所損壞。作為一件藝術品,因為被孩子的樣子吸引住,雖然價格很貴,我也把它買了回來。它一直掛在妻子的房間。湯太太,沒有過過畫家的生活,卻能夠畫出一幅關於我們小孩的畫像,相比瑪丹娜手中抱著的孩子。小孩的頭髮、眼睛、眉毛、頭形,所有的一切像極了如今我們的男孩,雖然沒有半句臺詞或者顏色的描繪。我妻子身邊那些教士和虔誠者知道這個後,試圖讓她相

XXVI　先天的印象

信這是一個奇蹟，她的孩子將成為一個偉大的聖人。如果他真的成為這樣的人，他將會和他的祖先一起伴隨在父親的身邊！我寧願在二十年後再聽到這些人說的話。

我當然聽過母親想像後代的美妙的影響，我自己和醫生都把這個告訴過我可愛的妻子。

但是這是我第一次用一個實際的例子來闡述這個問題，而且若要把它弄得輕描淡寫，我會感到很驚訝。我們的醫生，明天將會帶一些他醫學上的朋友來研究這個奇怪的相似性。麥斯有一個舉起右手的手指並移動它，把它橫在他的面前。這跟畫中孩子用手畫畫的動作一樣。當他做這個動作時的表情，跟畫中聖母的孩子的表情如出一轍。

在環境是否會使人對問題開放這個議題上，我相信環境一定會對寶寶產生影響。這個虔誠的女士可能從未想過讓她的寶貝像聖人的孩子。她只是對這幅畫的全貌和裡面的崇高理想表示崇拜，並沒有考慮到其後的任何後果。她祈求上蒼保佑她尚未出世的孩子。天堂因為她的敬佩而創造出來。

我認識一個輕浮的婦女，儘管她的親戚和丈夫都是黑色的直髮，它卻固執地認為她的第一個孩子是天生的黃捲髮和藍眼睛。每天這個女人不停地凝視一個圖片中的漂亮小孩，想像著她的小孩是這樣子和喜歡這樣子。他將會是她所見過的最純潔的藍眼睛的、有著金色捲髮的小天使。

艾拉·威爾考克斯認為她的文學才華來源於生產前的狀況。世界上有成千上萬這樣的案例，母親的獨特的心理和情感條件才產生了非凡的才華和美麗的容貌。

據眾多的記錄顯示，人的墮落可以追溯到他出生前受到的影響。傑西·波默羅伊（Jesse Pomeroy）在他還是十幾歲的時候，就殘酷地虐待和殺死好幾個人，因此在查爾斯頓服刑。當時，監獄警衛處於對他的憐憫，給了他一隻小貓來陪伴他以減輕他的孤獨，他卻把小貓的皮活生生地剝掉。傑西·波默羅伊是廣闊的芝加哥牧場裡的一個員工，在傑西出生前，她的母親每天都會花好幾個小時坐在那裡看著她的丈夫殺死和剝掉動物的皮。她和她的丈夫都是普通善良的喜歡待在一起的人。他的父親每週六晚上都會冷漠地剝掉羊的皮，並拿出他的薪資。他的母親很討厭這些，但又同時被他父親嫻熟的殺動物和剝皮的技巧給吸引住。在這時，她身體裡孕育了另一個新生命，即傑西，但這些已經占據了她的想像力和思想。然後這導致了傑西·波默羅伊得到了這些思想。他不知道他為什麼要剝掉小貓的皮，但他就是控制不了自己。可憐的孩子，他只有十四歲。所以社會把他監禁起來讓他和人、貓隔離開來。現在他是一個中年男子，他認為他不會再做這些了。他的朋友也這麼想，想讓他和他們一起住在一個大農場上，但是民眾和政府管理者並不信任他。

145

XXVI　先天的印象

　　世界上有成千上萬個極端的例子,包括好的和壞的,但是它忽視了我們的日常生活。我不知道世界充滿陳腐的、平凡的人的唯一原因,是不是因為大多數的母親活在單調的公式生活中,除了每日家務的操勞外別無消遣。要產生偉大的後代,需要母親大量的理想、想像、對宏圖的奉獻。

XXVII　為你的孩子營造良好的環境

　　李曼・艾伯特博士最近做出這樣的論斷：灌輸在家的第一個課程就是服從。孩子必須學會服從法律的基礎是文明。我們試圖將一道門房蓋在埃利斯島上以阻擋無政府主義者進來。我們應該把這道門放在幼兒園裡面。孩子應該被教育什麼是財產權和人權。每一個孩子天生就是一個強盜，而且是一個劫匪。他擁有財產權也浪費了財產。將兩個小孩放在地板上，給他們搖鈴。如果其中一個小孩能夠做到以下，他會爬到最前面，把搖鈴搶走。當另外那個小孩在大哭時，他卻在快樂地大笑。

　　這有點像死板的迂腐的舊學說，但看起來是有點接近。

　　人類已經在無數時間上前進了。針對這兩個理論的演變和輪迴，一個嬰兒出世前，它只是一個極致事物的起點，是平的，然後在以後的存在狀態中不斷完成它的轉變。在孩子出生前的九個月，靈魂穿過整個進化的過程，從變形蟲的狀態透過所有的方式走向動物王國再到土著人的面前。

XXVII　為你的孩子營造良好的環境

在出生前的九個月，看來在經歷了數不清的時間的演化中儲存而獲得的智慧，在潛意識的飛機中獲得概括和重申。

所以孩子們撿起從土著人那裡留下來的生活。木茨・哈欽森博士在一篇關於鼻子的雜誌上進行呼籲，那就是每一個嬰兒都是帶著一個塌鼻子來到這個世界，這是低階智慧的不變的伴奏。顯然，要發育鼻梁，需要好多代祖先的努力。

希臘的哲學家都有很高的鼻梁，從那時起，這就成為了他們大多數人的標記。

由於大多數羅馬人嬰兒期的鼻子就像哈巴狗一樣，所以我們相信出生後，孩子就會從野蠻走向文明。

但是我們之中的很多人半途而廢。顯然地，在我們能夠發展內在的智力程度，並有必要地展現在羅馬人的鼻子上前，我們需要更多的化身。

也許阿博特博士是正確的，孩子就是天生的無政府主義者或者野蠻人。如果任何一個孩子在成長時與野蠻人隔絕，那麼他就不會發展成為野蠻人。但是在並不久遠的將來，他可能會有一個羅馬人的鼻子。

但是當威廉・傑姆・斯席德（William James Sidis）帶著一個小哈巴狗鼻子來到這個世界時，他的生長環境激發了他的潛在智力。在他十一歲時，他發表了第四維度上的博士論文。

不管面前的東西是屬於誰的,孩子總是抓住他們可以拿得到的東西,這是經常可以看到的。如果孩子的父母也是這麼做,這個孩子長大後就是個沒有正義感的人。這就是為什麼我認為應該先教育父母,再教育孩子。

每一個人都是潛在智慧的儲藏室,環境會讓這種潛在智慧轉化為意識,並在環境中得到認識和利用。

已故的倫敦的貝爾納多博士在將倫敦貧民窟裡的數以千計的非常年幼的最惡劣的罪犯和殘疾兒童運到加拿大的行動中起到重要的作用。幾乎在所有的情況下,這些孩子都發展成為聰明有用的人。只有很少比例的人數沒有成為一般定義的成功人士。

在每一個案例裡,如果孩子迷失了方向,環境是最應該被譴責的因素。這是我的個人意見。因為在那樣的環境中,沒有足夠的愛和智慧讓孩子的潛在智力得到開發。

我內心始終相信,追求美好和成長的能力和智慧潛伏在每一個降臨在這個世界上的人的內心。

我相信你可以在世界上最糟糕的情況下,和地球上最差的父母一起,把 10,000 個孩子帶到了這個世界。將這些孩子置於這種環境,就是可以讓包里斯·席德斯教授(Boris Sidis)和他的妻子領養這些孩子,那麼每一個孩子就長成一個睿智、有用的、有道德感的公民,根據他自身的獨特本質來改變。

XXVII 爲你的孩子營造良好的環境

　　但是，我不相信任何人都有邪惡的本性。顱相學家說我們有 42 種能力，我覺得這些能力中的每一種基本上都是好的和積極的。只要讓這個孩子在恰當的環境中成長，那麼這些能力就會與良好的個人和世界的發展而相協調。

　　威廉·傑姆·斯席德從一個野蠻人處聽到叫喊聲，但是這已經間隔 11 年了。斯席德說這是因為環境的智慧發揮作用才讓他聽到的。我也相信了。

　　世界就是如此運作，這就是為什麼我們要擴建學校和改善學校的環境。這就是我們為什麼要要求有操場和男孩俱樂部。這就是為什麼奧克拉荷馬法律中有一條規定孩子必須去上學，即使國家要為寡婦支付孩子的學費而讓上學變得可行。

　　但是世界上沒有過半的人意識到這個問題！

　　我們也沒有比那些睜一隻眼閉一隻眼的人，在搖籃和投票間實現個人自由的可能性做得更多。

　　這讓我想起班·林賽是第一個把自己的一隻眼睛撬開。丹佛的班·林賽，是一個將不幸變為一個機遇的偉人。

　　人們生命的長短或多或少已經固定好，如果他們要忍受一些艱辛，這並不會讓我感到折磨，因為我自己也在忍受一些。

　　而且我領會到物質上的需要並不比社會和道德上的需要重要。但是這不是意味著我不贊同 Y.W.C.A 或者老人之家或

者任何機構的社會和道德層面。

　　但是這確實意味著為孩子所做的一盎司的社會和道德的工作比為成年人所做的還要有價值。如果我實施這種方式，我會捐出一美元去為孩子們創造良好的社會和道德環境，同時我會給一美分去滿足成年人的社會需要。

　　這只是我個人的經濟觸覺，照顧老人的責任基本與個人有關。但是照顧小孩不僅意味著要其童年的快樂，而且意味著要讓每一個小孩發展成為一個偉大有用的成年人的可能性。

　　這意味著要引導每一個兒童的生活，不會以為窮人、罪犯和身障人士服務的機構為終結，事實上，它存在於任何一種機構中。

　　我們聽到很多關於遺傳的說法。但是孩子能接受的遺傳發生在他出生的頭十年勝過在這之前發生的一切。當然也有最典型的例子，小孩在出生前就被嚴重地混種，以致它降臨人世時為智能障礙者。

　　出生之後，孩子從他接觸到的任何人和事物上學到某些東西。在十年內，他會從猴子的智力階段發展到人類的智力階段，也就是說他具備合作的能力。

　　在適當的環境下，他讓自己得到發展，給予他社會、道德、情感、以及精神上和身體上的教育。

XXVII 為你的孩子營造良好的環境

　　這些學校提供他們心理教育,但他們並沒有觸及每一個兒童生活的環境中最重要的一部分的外緣。如果父母必須為剛好的存在物而爭奪,那麼他們就不可能為孩子提供另一半的環境。

　　因此,這是我們的責任,有智慧、愛和金錢去支持一個俱樂部家庭,那裡可以讓窮人家的孩子接觸到良好的道德和社會環境。如果人們意識到這些的巨大的重要性,那麼男孩俱樂部和公共場所將是每一個城市裡最好的支持機構。

XXVIII 父親和母親
怎樣最好地訓練他們的孩子

母親的方式是不正確的教育孩子的方式。

父親的方式亦然。

這個問題不在於是否母親或者父親有她或他的教育孩子的方式,而是這樣的方式是錯誤的。

上帝的方法才是正確的方式。

而且上帝的方式融合了母親和父親的方式。

許多的孩子被他的母親和父親而搞得精神上的支離破碎,因為父母中的兩人都試圖按照自己的方式來訓練孩子。

上帝的方法才是正確的方式,而且唯一正確的方式。上帝的方式是母親和父親的方式的結合體。它混合了女人的柔和性和男人的紀律性。

讓母親和父親從各自的極端走向中心,在上帝的方式集合在一起來撫養他們的孩子。

如果一個男人和一個女人打算養育一個普通的小孩,那

XXVIII　父親和母親怎樣最好地訓練他們的孩子

麼父親必須支持母親，母親也應該支持父親。無論是母親或者父親，都不敢聰明地單獨撫養孩子長大。只有上帝是足夠明智的。它利用了所有母親和父親的智慧、還有所有人類的智慧、尚未被發現的永恆的智慧。如果他們願意站在同一陣線並支持彼此，上帝會把這些智慧灌輸到父親和母親的身上。

為什麼正確的方式不是母親和父親方式的混合，因為孩子本身就是他們的一個混合體？

我在想，母親的柔軟性和父親的紀律性。但是在很多家庭裡，父親通常是溫柔的表現者，而母親就是紀律的執行者。不管怎麼樣，這個原則仍然適用。它必須是母親和父親的方式的混合體，而且雙方要支持彼此，否則這就不是正確的方式。

孩子需要溫柔的愛，也需要紀律的嚴明和正直。他自己的溫柔是必需品，紀律的強硬和正直也是必需品。在母親照顧孩子的同時，父親必須用所有的紀律來支持她。紀律會塑造人的性格，愛和溫柔則會培養人的情感面。

情感這個詞意味著權力的從內而外的運動。情緒是靈魂的力量。

性格就像是河床，沒有性格的人就是一個只有無用的情緒、快樂和痛苦混在一起的溼潤泥沼。沒有感情，所有的做人的快樂、性格就是被固化的、被禁止和幾乎是沒用的。

只會用功不會玩耍,聰明的孩子都會變傻。只有紀律,沒有愛,就會抹殺了天才和可能的苗火。只有性格,而不會釋放感情,會讓傑克變成一個呆板、頑固的男孩,甚至是一個環境下產生的無用的玩物。

在訓練孩子的過程的問題就是如何將紀律的嚴明和公正與娛樂的樂趣平衡。它需要父親和母親把所有智慧彙集到孩子身上,被上帝自身的智慧,上帝的豐滿的意志和智慧所引導。

XXVIII 父親和母親怎樣最好地訓練他們的孩子

XXIX　解答孩子的疑問

　　如果你想你的回答使孩子得到滿足，你就要發揮你的想像力。仙女們當然也是一個想法。事實上，有很多仙女，有好的也有壞的。愛的、善良的和助人的思想就是機靈的仙女，他們會讓我們開心。相反，易怒和厭惡的想法是黑暗和沉重的，就像是在我們心中的鉛一樣。當然，我們有一天都會發展到一個如此好的清楚狀態，可以讓我們看清想法的精靈。

　　至於死，就是人類「幼蟲」的出現，破繭成蝶的舞臺。沒有人可以證明這點，但是我們希望它是真的。任何可取或者可以想到的都是潛在的成就。慾望就是預言的自我實現。

　　至於問到我們從何而來，這就是那一種情況下的蟲子和蝴蝶。當我們準備好時，我們就會破繭而出，展開我們的翅膀。

　　至於星期日學校，我相信在教會裡長大是一件美妙的事情，在這種條件下，之後人可以超越他的極限性。我不會剝奪孩子參加星期日學校的機會，除非我能夠給它一個相似的更好的可以取代星期日學校的東西。聖經裡面的每一個故事都有其心靈的應用。如果星期日學校的老師是唯物主義者，

XXIX　解答孩子的疑問

那麼她就只會讓我產生好奇,然後它就會帶著它的問題來到你的面前。你就有機會去實施心靈的應用。聖經裡的所有東西都有真正的精神。在思想領域,不管他們在物質層面是否是真實的,也不管他們是否是真實或者是物質的,還是非物質的。事實上,聖經裡充滿了故事,用來闡述性格塑造的心靈真理。去尋找真理的精神,幫助你的孩子找到它。

埃德溫‧馬卡姆(Edwin Markham)讓他的小兒子聽問題的所有方面,包括他父親的觀點,然後問他的兒子,他對這個問題有什麼想法。他經常提醒他的兒子,告訴他:是他的想法形成了他內心的正義,而不是別人的想法!而且他幫助兒子仔細地將權威從真理中分離出來。他提醒他,事情並不是因為某些偉人這麼說,就是那個樣子。古往今來的偉人都會在思想上犯下錯誤。那些錯誤會被後人發現。他把伽利略(Galileo Galilei)的故事告訴他,伽利略是如何不得不放棄他剛發現的真理;世界又如何接受真理,因為它比伽利略時代的人們知道的更多。他還把種族的演變進化解釋給他聽。

他也告訴他個體的演變,向孩子展示,他自己也在學著思考。透過思考,當他又年長了幾歲時,今天的理性和判決可能會改變;透過思考,他使思考的能力發展得更好,同時,他也長高了,可以看得更遠更清。透過飲食和鍛鍊他的肌肉,現在的他才長得這麼高大和強壯。他教導孩子去聆聽內

心那邊美好的聲音,並用行動和想法追隨那把聲音。他還教他的孩子要將他的行動和他內心的聲音保持一致。

當孩子問了你一個你無法回答的問題時,調轉問題,叫孩子告訴你他是怎麼思考這個問題。儘管你會反駁他們,但是你這麼做讓孩子看到你對他的想法的尊重。

XXIX 解答孩子的疑問

XXX　怎麼教導你的孩子新思維

在星期日學校教導新思維觀念，新思維觀念者應該跟隨信基督教的科學家嗎？埃迪太太應該拒絕常識的證據，透過我們必死的五種感官給予我們嗎？我們應該把我們的感官當做永恆錯誤的來源嗎？還是我們應該把我們必死的五種感官包括看、聽、觸、味覺和嗅覺作為精神的回歸，或者將新思維的建議融入星期日學校的精神做法中？如果錯誤地使用這五種感官，我們永遠不能把任何新思維灌輸到孩子的腦海裡。如果我們不能透過我們的感官把精神的新思維融入我們自己，那我們又怎麼讓孩子做到呢？

——W. A. 傑爾·巴里·布希太太

天啊！不要用大話、朦朧的想法和吹毛求疵的分裂來混淆兒童的想法。

告訴他們那些在他們內心的聰明的精神，那些精神就是上帝和孩子。告訴他們，如果他們追隨那些精神，健康、幸福和成功就會伴隨他們；相反，當他們違背他們時，不幸就會發生。

告訴他們那看不見的精神是永恆的真理和愛，而且不會有錯；而其他人的意見，外在的東西的影響，那些我們看得見、吃得出、聞得到、感覺到、聽得到的東西，卻可能是錯誤的；如果他們遵循錯誤的影響，那麼結果是痛苦的，這是遲早的事。

告訴他們外部影響可能是錯誤的原因就是：那個真理的精神，或者上帝，根據孩子的個性和長遠來看最適合孩子的東西，告訴一個孩子做這件事，另一個孩子做另一件完全不同的事。上帝告訴每一個孩子今天應該如何行動，那麼他就會變得強壯、聰明、有愛並為他將來長大想做的偉大的事業做準備。

當湯姆長大，湯姆想成為某種人，而迪克則想成為另一種，瑪麗又會是另一種，全能的聰明的神現在會告訴每個孩子一個不同的東西。如果湯姆、迪克和瑪麗遵循上帝在他或她內心所說的話，儘管他們不能擁有他們看到、聞到、嘗到、聽到或感受到的一切，他們內心都會感受到幸福。

但是如果湯姆說：「噢，來吧。無論怎麼樣，我們一起做吧。我想即使迪克和瑪麗覺得這是錯誤的，那也沒關係。」如果湯姆這麼說，迪克和瑪麗都聽他的，做出他們內心告訴他們這是錯誤的事情，那麼迪克和瑪麗一定會感到抱歉，即使湯姆不會這麼覺得。在某個時刻，對湯姆來說正確的事

情，同時對迪克和瑪麗來說可能是錯誤的；儘管在另外一個時刻，同樣的事情可能對他們來說都是正確的。當一樣事情會為某人帶來不幸時，這樣東西對這個人來說就是錯誤的事情。有時，湯姆、迪克和瑪麗認為某樣事情會為他們帶來幸福，在他們做了這件事情後卻發現它會為他們帶來痛苦。當他們根據他們以外的事情影響來進行選擇時，他們就很容易會被誤解。

內心的聲音是他們可以與惡作劇隔離並避免其不幸的後果的唯一指導。它還可以讓他們保持學習和行動，當他們足夠強大時，他們可以成為他們想成為的出色的人物。

如果他們一直傾聽內心那把聲音，根據它的反應做出行動，那麼將來他們總是做使他們高興的事情。

告訴孩子們，他們從中心向四周，從頭到腳都是美好的；幸福和成長來自於充分運用它們良好的權力；當他們做得好的時候，聖靈會讓每一個孩子「感覺良好」，當他或她選錯的時候，聖靈則讓他們「感覺不好」；當湯姆試圖讓迪克去做某件事時，如果迪克記得去看看他的內心是否感到良好，那麼他總是能正確地作出決定，他最好做還是不做。當他說「不要根據外表做出判決」，告訴他這是耶穌的意思。（根據湯姆、迪克或者瑪麗、或者他自己的想法），「而是法官公義的審判」（按照他內心小小的自我良好的感覺）。

告訴他,「看得見的東西是暫時的」(某個時刻對於你來說是暫時的、變化的、好的,在另一個時刻是壞的),「而那些看不見的東西」(像內心那些良好的感覺,那真是上帝那把聲音)「永恆」——總是同樣的好、聰明的指南,指引他前往那些美好、快樂和他十分渴望得到的極好的成年生活。

告訴孩子,上帝活在每個人心中,和每個人說話。小的或大的,壞的或好的,他都住在他們心中和他們說話;所以世界上所有的不良都來自於他們不了解和不關注他們內心這把聲音。

告訴孩子,上帝在他心中。當他做對時,所有愛和智慧的精神會讓他感覺良好;這些精神的產物就是思想、愛的行動、歡樂、和平、耐心、學習和善良;不滿的思想和行為、不幸、暴力、憤怒、嫉妒和各種不良的結果,就來源於不了解和忽略內心精神的看法;或者是在你學習了這種精神後,你卻忘記了它所導致的結果。

告訴孩子,沒有人天生就是壞人;人們只是不知道,或者忘記了去聽他們內心的好的精神。

告訴孩子,生活就是一所我們都在那裡的偉大的幼兒園。大的,小的,好的,壞的人,都在學習傾聽這把愛的聲音。漸漸地,當我們之中的大多數人都了解它以後,為了給所有國家的人們建立一個美麗的世界和快樂的家庭,我們應

該一起開心地工作。告訴孩子，儘管耶穌在數千年前就告訴了我們這個精神，還有其他人在耶穌之前也講了數千年，但幾年前，只有少數人知道這個良好的內在精神。這是教會，但是人們並不會傾聽！他們忙著互相打架。但現在我們有學校、星期日學校、報紙、雜誌和書籍，每個人都可以聽到神靈的聲音，於是我們每一個人都在試圖為我們自己創造一個大的、快樂的、互助的家庭。

告訴他，對於大人來說，要放棄他們的相互爭鬥、偷竊或者其他不好的習慣，有時也是很困難；但是，孩子也在學習好的真理，他們在成長的過程中，學會思考和做出友善、聰明、有幫助的事情的新的好的習慣；漸漸地，所有有著過時的習慣和古怪脾氣的老年人會離開這個世界，然後這個世界就會掌控在他們的兒子、女兒、孫子、孫女手上，並獲得重建。這些後代則都是在愛、兄弟情誼和樂於助人的新思維裡長大的。在這種方式下，新的天堂和新的地球就會出現，地球就會像玫瑰盛開般，獅子和羔羊則友好地躺在一起，獅子像牛一樣吃草。

告訴他，哦，是的，你認為這樣應該要好幾百年才會實現，但它會如字面所述和意象地發生。因為動物從人類中得到暗示；當洛克斐勒獅子和童工羔羊、工會羔羊友好地躺在一起——因為他們一定會這麼做，或者相繼從地球上消

失 ── 所以要讓獅子和羔羊和平共存並不需要很長的時間，和做到這些事情。至於說到獅子的肚子除了羔羊，不適合消化任何東西，這沒有什麼大不了，大自然可以隨時調整。如果大自然之母在任務上是不平等的，我們可以請這些美妙的外科醫生，讓他們切斷我們的闌尾。也許，他們可以把獅子麻醉然後切斷它的羔羊肉食性。那麼它們就會把草和跳躍的綠色植物當做它們的主食。如果不這樣的話，它們就會死掉，這就是它們的一生。因為我們心中的愛說 ── 屠殺必須進行。這個地球應該是一個偉大的漂亮的像天堂一樣的家，那裡到處都是善良，不會把對方吃掉。我們的孩子成長在這種新思維裡，他們會以某種方式來管理和透過一切。只需要耐心地等待。當你在等待時，透過聆聽你內心的聲音，看看你能夠做到多少，並盡你所能地友善和完成你的工作。

要告訴孩子們很多次，這個偉大的上帝神靈活在每個人的心中，包括小孩或大人、文明還是野蠻的人，它在努力讓每個人都感到快樂。這就是它在你心中說話的原因，或者在我的心中，告訴我們應該想什麼和做什麼來找到我們想要的快樂。提醒孩子，當他做一件事或者祈求一樣他沒有的東西，他總是感到抱歉；這是因為他不能透過看一樣東西來決定它是否會讓他感動高興與否；但是那個在我們心中和我們說話的偉大的精神總是知道這些；所以如果我們傾聽內心這些感覺良好的聲音並

服從它，我們每一次都會找到真正的快樂。

告訴孩子，有時甚至錯誤也是好的，因為透過傷害，他下次就會提醒自己要傾聽內心那些聲音，那麼當他在正確地思考或行動時，就會讓他感覺良好。

告訴他不要介意當他感覺到自己是正確的卻遭到責罵；因為有時世界上也沒有人可以有足夠的智慧來防止不公平，父母和老師都會犯小男孩和小女孩會犯的錯誤；相比任何小男孩和小女孩所做的，他們並不是想不公平或者不友善的。他們只是忘記了小男孩心中的上帝，並嚴厲地批評小男孩；就像小男孩忘記了父母或者老師心中的上帝，卻忘記了去服從他們。

告訴孩子，那五種感官就是五扇門，透過它們我們可以獲得關於人和事的知識；而內在的精神就是上帝告訴我們這些知識究竟是真還是假的，我們應該怎麼應對它，是否根據它採取行動，還是跟它逆向而行。

這五種感官可能會混亂在一起，並帶來錯誤的報告，但是它內在的精神永遠是一樣的，無論是昨天，今天，還是以後。這五種感官帶來關於改變事物的報告，這報告今天可能是真的，但明天可能是不真實的；而內在的精神永遠是真理。

告訴他，作為這五種感官不斷變化和衝突的證據，它建立了根據它們內心而變的勢不兩立的戰果。這也導致了疾病

和各種不開心。當內心逗留在永恆的精神層面上，外在的東西來來去去、前進、後退，或者不會因他們產生不安和焦慮隨心地爭鬥。無論外面發生什麼事，這樣的想法會讓它內心感到平靜，開心。這樣的想法會讓身體充滿和平、幸福、健康或完整。活在這些感官的心靈是跟隨感官的變化而持續地變化；當大腦跟心中的精神保持一致，大腦就像是一塊堅固的磐石，看著思想的感覺掉進滾滾大浪中，也許在憤怒，但從來沒有打擾到在旁像磐石一樣的精神休息。

從那裡，它可能學會去支配波浪。心是在上帝那裡透過五感跟上帝和平地交流，或者它可以安全地駕馭在波浪上。在水手叫醒耶穌去停止暴風雨，耶穌這麼說：「上帝是我的生活」字面上是真的，他的思想活在上帝裡，他知道人生的完整性；他根據這五感的證明來騎上騎下，結果導致他暈船，希望快點從這裡出來。

哦，也許我讓孩子進入太深的水裡玩耍。如果我是這樣，他們會讓我不感興趣地知道它。

當你教導孩子讓興趣的缺乏成為你改變航線，並向家庭所在的水域起航的訊號。因為那些簡單、日常的東西是每個人都能理解和欣賞的。

當你教導孩子時，要記住的最重要的事就是：

要誠實。如果你能這麼回答一個孩子的問題，盡可能有

最平白的字詞；如果你不是這麼做，就要這麼說。要記住「尊嚴是一種特殊的運輸工具，被發明來掩蓋內心的缺陷」從大人身上，而不是小孩。孩子們看到的是尊嚴和其他假象，輕視那些偽裝者。誠實的無知的舉動讓老師和孩子相似，因為兩個相似的人們一起去發現東西比任何正統的教師都要好。

XXX　怎麼教導你的孩子新思維

XXXI 一個十人的家庭
怎麼為有效率的生活接受訓練

　　那個男人只是來修理我們的錄音機。他是這個地區裡一直堅持修理所有錄音機的技師。同時，他也是這個地區裡賣機器的業務員。他是個 31 歲，聰明的年輕人，雖然外表看上去不像。他是看上去就像是一個天生的技師，雖然擁有業務員學歷。他在語文小學裡獲得教育，加上在業務員的艱辛工作的大學裡獲得的完整的課程。清澈的眼睛、敏捷、整潔和相當不錯的衣服。但顯然地，他更像一個技師，而不是一個受過教育有文化的業務員。

　　我和這個業務員有過一個很愉快和具有啟發性的訪問。他有一個妻子和八個小孩。同時他還得照顧他弟弟的妻子和他們的兩個小孩，其中一個是七個月大的嬰兒。他的弟弟因為無法承擔照顧一個妻子和兩個小孩的經濟壓力。所以他離開了這個家，把妻子和孩子留給他的哥哥來扶養。於是在同一屋簷下，他不得不扶養一個妻子，一個弟媳和十個孩子。他為他的責任感到自豪和高興，在這樣的環境下，他很顯然是一個勝利者。

XXXI 一個十人的家庭怎麼為有效率的生活接受訓練

他說:「讓我告訴你,我們在這間房子裡擁有很快樂的時光。我有七個小男孩和一個自己的小女孩,而且我們從來不缺乏對生活的興趣。當我晚上一到家的時候,十個小孩都會跑過來爬到我身上。飯桌上是 13 個幸運、快樂和歡鬧的人。晚飯過後,每一個人都有他的工作。湯姆收集所有的刀子,吉姆收拾所有的叉子,鮑勃收集所有的茶匙,里歐收拾所有的茶碟並把它們拿到廚房,吉姆和喬伊就把碟子和茶杯收好。在大約三分鐘內,所有的餐具和飯菜都會被整齊地堆放在廚房裡。桌布被拿了下來,摺疊好並放起來。每一個小孩都有他的分工,沒有事情會引誘他去讓另一個小孩代替他的工作。你知道的,廚房也會很高效率。

在半小時內,所有的盤子都會被洗乾淨並放好。之後我們就會聚在一起開會,這是我們每天晚上都會做的事!我就是法官!告訴你,這是非常有趣的。我們先從年紀最大的小孩開始,讓他站起來,說說他對某件事的看法。之後下一個繼續。在輪到他們之前,他們都要保持安靜並傾聽別人說話。看到他們有時很渴望插嘴說話的樣子是很有趣的,但是法官從來不允許他們插嘴。所有東西都是按照順序完成,法官則決定一切差異。我告訴你,這太有趣了。我從來不去俱樂部、影劇院或者參加棒球遊戲,因為和我的妻子、弟媳和十個小孩是更有趣的事。我們也會討論各種話題,我們也要遵守辯論的規則。

哦，告訴你，他們是很活潑的年輕人，就像健康、精神飽滿的小動物一樣。他們不挑食。每天晚上八點半準時睡覺，然後我們這些大人靜靜地坐在一起，商量事情。除了又一次我下班晚了，可能我把他們叫下床來，我們之後在桌子旁有了一個開心的小晚餐。儘管他們的母親會生氣，我們依然有一個愉快的時光。晚餐過後，我們把所有東西塞進廚房，把所有東西洗乾淨，弄漂亮，讓他們的母親為早餐做準備。

　　我的妻子管理我的錢，為這間房子和孩子花費每一分錢。我們很認真處理事情，我們擁有我們需要的東西，甚至擁有更多。我們有好東西吃，好房子去居住，還可以穿好的衣服。如果他們細心並一起工作，你知道，他們總是可以一起相處。我的妻子在管理事情是一個奇蹟，我的弟媳也會幫助她，我們相處得很愉快。

　　我的七個孩子都在學習怎麼做業務員。當我每晚走進家裡，你會對你所看到的捧腹大笑。從年紀最大的男孩到最小的只有三歲的男孩，他們每一個都扮演業務員。每一個人都有一個小袋子，在袋子裡有一些小樣品。這些小袋子可以在雜貨店買得到。你看到他們向我推銷的方式一定會大笑。我會被稱作各種人，從瓊斯到史密斯、到布朗、再到蒙特莫倫西和斯尼茨基。一個小傢伙會走過來，站在旁邊，等待引起我的注意。就像是我是一個有一所大工廠的大富豪，他會禮

XXXI 一個十人的家庭怎麼為有效率的生活接受訓練

貌地等待,然後向我展示他的樣品和解釋給我聽。我會盡可能地拒絕。但是當他能提出足夠的證據,我就會買並給他一個訂單。他就會在他的小本子上記下我的訂單,對我說盡各種禮貌的好話,並跟我問好。然後另一個小孩帶著他的小袋子繼續。有時一個晚上一個小孩會過來兩至三次,通常每次他都會向我展示另外的樣本。看著這些小傢伙模仿成年的業務員推銷、並捕捉到適當的方式去接近潛在的顧客,勸導顧客和獲得訂單這個過程令我很高興。為什麼它比劇院裡播放的任何劇更有趣,你只需要看著這些小傢伙。他們是多麼的聰明、好看、健康和成功。為什麼?即使是現在,他們都在展示他們的成功,雖然他們之中年齡最大的只有十四歲。」

我對此表示疑問,他們是怎麼接受教育的?

「哦,他們都要去上學,除非某天他們不想上。他們都是學得很快的聰明的小男孩。」

很好,我喜歡聽到你這麼說。但要確保他們中的每一個至少要完成高中學業。然後如果他們中的任何一個想上大學,要確保滿足他。你知道,學校的教育會讓他們成為更聰明更有效率的業務員。例如,如果你接受到大學的教育,在你這個年齡你本來可以賣出更多的商品和獲得更高的薪資。難道你不同意嗎?

他對著我沉思了好一會。「是的」他回答說。「我相信

會是這樣子的。我知道因為缺乏教育，我不能用英語盡可能好地表達我自己。因為這個原因，我沒有成為一個我本來可以做到的更好的業務員。我知道所有的實際面，但是我不能為別人留下美好的印象，似乎我就可以更好地使用英語，並能英語談論更廣泛的話題。我相信你是對的。你可以肯定我應該看到我的所有小孩都會獲得他們可以得到的教育。」

我繼續說，要鼓勵他們去承擔學校現在給他們的技術和手工訓練工作。你住的地方有非常好的學校。我想告訴你，除非一個人用他的雙手學會做精確和深入的工作，否則沒有人可以有好的想法。這就是很多人一輩子都在推銷的原因。他們從未用他們的雙手做有用和精準的工作，所以他們沒有有用和準確的思考。所有的教育者都意識到它的必要性，透過雙手來做這種精確和徹底的工作來證明這種想法。水平儀、方格、鋸和鐵錘的細心使用會訓練孩子在水平儀上思考，並根據方格行動。這就是為什麼所有教育者將手工訓練、家具工藝品和技術訓練融入小學和高中的教育中。我曾經雇用過一個最絕望，最邋遢的工人。她從未學過用她的雙手來做任何有用的事情。她的想法跟她的工作一樣邋遢和不準確。

真正的教育包括了頭腦、手、和心的能力教育。

顯然地，你對你的孩子的起始做法是對的。他們一定是在你們的美好家庭生活中練習他們的心靈和你的。在某種程

XXXI 一個十人的家庭怎麼為有效率的生活接受訓練

度上,他們也在訓練他們的頭腦。現在你看到他們得到手的教育,還需要頭腦的教育。當所有的男孩達到一定年齡,想退學去賺錢時,不要犯這樣的錯誤,即犧牲小孩接受頭腦和雙手的教育去賺取一點小錢。

男孩在 21 歲才退學比他在 14 歲退學,能夠賺到更多的錢,但是他從 21 歲到 35 歲的賺錢能力會上升得很慢。在另一方面,男孩上完高中再上大學可能比他在 21 歲賺到的並不多,但是他在 35 歲時會獲得相當地更多的薪資,在某段時間後他的盈利能力的曲線會持續上升。如果他只接受到小學的教育,那麼他的賺錢能力只會維持在某個水準上。這是得到統計數據的支撐,毫無疑問。

你聽到很多人說大學教育對於生活中的成功並不必要。如果生活的成功只是指單純的賺錢,那麼我會同意這樣的看法。年輕人停止教育開始做生意,可能會達到他能賺到最多的錢的高峰。但是在那之後,他的賺錢能力不會持續上升。你知道一個人頭腦中含有的知識越少,他就得越依賴於他的體力勞動。體力勞動在 40 或 45 歲後會衰落。65 歲的老人要依靠他的體力勞動來賺錢一定會感到很辛苦。一個已經發展他的智力的老人在 65 歲是發現自己仍然可以好好地生活,不必依賴於自己的體力勞動。這就是為什麼一個接受教育後,每一年的生活會變得更美好,而一個未受過教育的人,在他

40或45歲體力達到頂點後,他的生活變得越來越無聊沉悶。

關於教育的問題還有另外的方面。除了你的事業和家人,在31歲時,你沒有其他興趣,是嗎?

「不,我剛剛說了兩個興趣,但是他們足夠。」

我說:「從現在開始的25年,什麼會成為你的家庭興趣?你的孩子可能都離開你。你的家將是一個除了你和妻子外沒有別人的家。有可能你的妻子也不在。那麼你的家庭興趣是什麼呢?他們可能只會成為一個記憶。回憶就像不變的飲食習慣讓人感到興奮。那麼你的商業利益呢?如果你繼續像你現在一樣去賺錢,當你為賺錢感到疲勞時,那個時刻會到來的。你難道不同意嗎?」

「是的。」

嗯,為了讓生命更值得活下去和一個真正的利益,你會怎麼做呢?當然你可以坐在爐邊,享受與孫子一起的樂趣,這都是可能的。但是這也會變得無聊。你會因為賺錢感到累的原因是這對於你來說是一個很古老的故事。你的孩子會長大並有自己的家庭。那到時你的興趣是?

現在就是接受教育的時候。你上學的時間越長,你了解到關於這個世界的知識的人就越多。世界就是根據這些原則建立起來,並有這些東西得到實現。有更多的興趣點,就會有更多的接觸點,你就會與這個世界同步發展。換句話說,

XXXI 一個十人的家庭怎麼為有效率的生活接受訓練

擁有的興趣越多,你就會在這個世界上擁有的越多。當你長大時,你需要回顧這些興趣。如果你想享受一個很長的生命,你需要去實現可以獲得的這些興趣。

還有另外一種方式去看待它。每一代人來到這個世界都是透過站在前人的肩膀上。從某種意義上說,你的子孫不僅繼承你的天性,還繼承你的教育。他們可能在他們出生前就繼承你的天性,但是他們出生前繼承到的那部分只是他們透過繼承從中獲得的很小的一部分。只有我們活著,我們就會一直從我們的父母、朋友、書本和夥伴中繼承。你的孩子繼承你使用英語的本能。如果你讓你的孩子像你一樣在小學停止接受教育,他們能繼承的只是你那個年代能獲得的知識。如果你把他們送到高中學習,你就會讓他們得到的比你今天工作所獲得的更多。透過給予他們那些超越你的解決範圍的東西,你就讓你的後代得到進化。人類的進化演進就是這麼來的。不要因為要急著讓你的孩子進入商業世界,而停止讓你家人獲得接受人類演進所需的教育。所有的孩子都應該上高中,去經歷演化的規律和程式。如果因為你在小學教育時就停止了,那麼相比其他人,他們之中的一個或者更多的孩子要依靠他自己去獲得大學的教育來達到智力發展的一個更高的高度。他可能為你的家庭設立了一個新的步伐。如果你的孩子中的任何一個想上大學,最好幫助他們實現,那麼也

會幫助演化的程式發展得更快。

你可以知道，教育是從搖籃時期就要開始的事情。向這個世界的新生兒傳遞這個世界的智慧。當你的孩子開始在地上蹣跚學步時，你會說：「現在你可以自己走路，你必須出去，依靠自己行走？如果你有這麼說，透過獲得那些絕對無引導性的經驗。你可能是一個例外，不僅僅是一個普通人，你的孩子透過他自己的經驗，可能會走到壁爐並傷害到他自己。當你的孩子學會走路時，你試過不讓任何人去引導他嗎？不，當然不會。你透過你的智慧來保護他。你對自己說，這個小傢伙可能會跑到火爐旁邊，不知道怎麼做，所以你就站在他和火爐旁去引導他一個更好的方向，而不是由他自己未經訓練的意志來主導他自己的行為。

當小孩開始學走路時，你為他所做的就正如學校為他所做的。他們的目標在於以這種形式將人類所有年齡階段的智慧傳導給這代人，那麼他們就不會走到生活的火堆裡，或者形成一些奇怪的想法和生活的壞習慣。學校現在的目標在於給予孩子手和腦的指導，正如你和妻子用愛的方式來給予小孩的指導。

學校把人類的智慧傳送到孩子身上。這需要家庭和社會的共同努力來讓全人類變得有效率。

可以肯定的是，學校也會將一些愚蠢的東西教給小孩。但

XXXI 一個十人的家庭怎麼為有效率的生活接受訓練

是透過每年的教育,這些愚蠢就會變得越來越少,他們也會擁有越多的智慧。因為學校也會傳遞愚蠢的東西給孩子,所以無理由去忽略和拒絕為你的孩子的智慧去盈利。相對粗心的父母讓他的孩子跑到火爐裡,要所有的母親和父親允許他們的孩子試圖學會怎麼走路和去那裡練習走路就顯得很合理。

父母和老師將這個世界的智慧傳遞到孩子身上,他帶著疑問地接受它,當他解決問題時對它提出改進意見。所以在這個過程我們看到人類的演進。我們的孩子需要那些我們可以幫助到他們的教育。我們也需要那些他們可以傳遞回給我們的教育。

「我相信你是對的。」他回答說,「我應該將這個好好的考慮仔細,你可能依賴於我,所以為了讓我的孩子能更好地利用學校的教育,我應該盡可能讓他們留在學校裡更久,因此我要比以往做任何東西都要變得更有決心。現在我很非常地享受這次的談話。現在我必須趕到布蘭克先生那裡,因為我剛賣了九個新的錄音機給他,他們一家人應該在等待我去展示給小女孩們怎麼使用它。如果你的錄音機再次出了問題,告訴我,我會盡快過來修好它。」

謝謝。我也很享受這次訪問。我想,我們都從中獲得啟發。

(然後我坐了下來,把這些錄進剛修好的錄音機裡面。)

XXXII 如何處理喜歡爭論的習慣

一個 20 歲的年輕人喜歡跟他的家人或者他的朋友辯駁、討論或者爭論幾乎他們的每一次發言。只是為了爭論,他總是走錯方向。

他所成長的家庭也是有問題的!在某種程度上,他們從他是個小孩的時候就允許他養成這種習慣。

並不是說家庭中的每一個人都會在無關緊要的細節上爭論,這個年輕人就是太固執以致他常常要站在爭論的頂峰上?

我知道解決這個極端的令人不悅的喜歡反對和辯論的習慣的唯一辦法是沉默療法。

絕對的不反抗會破壞這個習慣,當沒有其他的辦法。你的家庭裡有人能有足夠的自控力來實施這種療法?

爭論的習慣總是一個家庭爭論態度的結果。它導致小孩會形成用爭論來支撐他的論點的習慣,而不是理智地找出真理。

一般來說,父母設立了這樣的步伐。有時只是家庭成員中的一個人設立了這樣的步伐,父母只是坐在那裡,讓年輕的成員找出答案。當這個習慣占據令人擔憂的比例,每個人

XXXII 如何處理喜歡爭論的習慣

都參與到爭論中,或者坐在那裡,感到煩惱。

我的經驗告訴我,它需要整個家庭才可能讓某個成員變得愛爭論。

同樣是我的經驗,如果父母用時間慢慢對待它,父母可以阻止這種壞習慣的形成。當我的孩子大概10或者12歲時,我透過運用系統化和持續的隔離療法,阻止了他們形成這種習慣。

在第一次爭論時,每一個孩子被送到單獨的房間。在他們可以沒有爭論或者矛盾地辯駁討論事情前,他們必須待在那裡。當他準備好能舒適地玩耍時,孩子自身才可以允許去決定。否則在十分鐘內他會被送回房間。根據上流社會和友好聊天的規則,他每次被允許自己做決定來決定他是否準備好去玩。

一開始,我不得不每隔一會兒就把孩子送回去,但幾天後,他們開始領悟,讓他們保持在友善的談論面,那就是爭論的開始。

但是如果我自己沒有在這樣的事情上控制好我自己,我就不能治好孩子的毛病。我放棄解決他們的糾紛;我只是要求他們要完全友好和親切地討論問題,或者把這些事情拋在一邊不管。在讓他們形成友善地討論問題並帶著找出真理的意圖前,我每次都堅持了下來,而不是讓他們在爭論中各執己見。

我把這個紀律當作我為孩子做過的最好的事情之一。

如果在他們二十歲,而不是十歲時,我發現了它,我可能使用沉默療法,而不是隔離療法。

當小孩第一次反對時,其他人都閉嘴。每次都這麼做。在他能夠明白箇中道理,控制他的情緒和言語,這不需要很久的時間。在他開始理智地尋找真理,而不是為自己的觀點爭論前,這不需要太長的時間。

這值得全家人去真心地付出努力,在讓爭論成為一個固化的壞習慣前,打破家庭成員這種發展軌跡。

你難道看不見它將會導致什麼嗎?經過一段時間,人的整個思想有了一個目標,就是為對或者錯去為自己辯護。這會成為他心靈的一個習慣,一個永久的思維態度。

阻止孩子形成與別人不愉快地爭論的壞習慣是十分重要的事情。

XXXII 如何處理喜歡爭論的習慣

XXXIII　當你的女兒要求獨立時

以下是我寫給一個母親的一封信，這位母親的女兒要求獨立：

如果女兒在「不」計畫裡長大，剛脫離成長的軌跡，獲得她的個性，我會說「由她吧！」但是如果她只是自私的，把朋友帶到她的房間不和她的家人分享，那就是太壞了；她是在犯錯誤，會透過一些不愉快的經歷發現這些。

很顯然地，可憐的小女孩不願意和她的家人聯合。這主要是被錯誤帶大的結果。一個真正無私的家庭不會生出一個自私的女兒。有些母親認為她們是無私的，除了她們自己的開心，她們毫無責任感地帶大女兒，讓女兒變得自私。我知道孩子如果不願意學習去幫助母親或者身邊的人，只是因為母親寧願工作，也不願承擔教導和引導孩子們怎麼去幫助別人所帶來的麻煩。這樣的一個母親總是認為她已經很無私了，事實上她並不是。她只是做她感到最容易做的事情。她的孩子也是如此！

孩子應從他們出生的時候就被教育什麼是合作。他們必須互助，對他們獲得的幫助表示感激。如果那位母親是聰明而

XXXIII 當你的女兒要求獨立時

且真正的無私,她會教導孩子如何合作並在生活中進行實踐。每一個孩子都有某些責任,他們會被教導忠誠地去承擔這些責任。當你想像某人會這樣,這樣的母親不會有這樣的女兒。

至於這個女孩的「透過新思維書籍裡的抽象宣告來鞏固她的行為」,如果她沒有在新思維書籍裡找到理由,她會在別的地方找到。人們總是可以為他們想或者選擇去做的事情找到理由。

我想這個女孩已經受慣了限制的指揮。現在她長大了,她希望用雙手來掌握自己的生活。她要試圖離開她的家人獨自生活,這肯定是一個錯誤,但是我猜測,她的家庭會讓她想獨自生活變得特別困難。如果母親自己找到一點新思維,並給予女孩自由,不僅在精神上而且在名字上真正地給予她自由,那麼她就會回報她的母親。

母親自己必須學會去合作,父親亦然。如果母親向女兒傳達出她會幫助女兒過她自己想過的生活,那麼女兒就會很快地給予她的母親更多的考慮和友好的對待。在這個世界上,我們獲得的剛好是我們給予的。一個自私的女兒只會來自於一個自私的母親。母親可能想無私,但她可能只是不夠睿智,而不是無私。母親感到虐待,或者感到不高興,一定會讓女兒有辦法把她自己和她的公司融入家庭圈中。

這是我昨天發現的一個漂亮的句子,這個句子是孔子所

寫的,「讓身邊的人快樂,那麼遠處的人也會到來。」家庭圈有多幸福呢?當小女孩把她的朋友帶回家,他們會給予這個小女孩多麼快樂的接待呢?當她把她的朋友帶進她的房間,他們又會怎麼對待她呢?是帶著冷言冷語或者尖銳的評論,還是悲傷或者牢騷呢?

你認為這些心態有吸引力嗎?當然不是,他們只會讓小女孩得到她可能在尋找把她的朋友帶回房間的藉口。

難道你不明白嗎?母親是這種情況的關鍵所在。讓母親醒醒,去給她自己一點新思維吧。如果女孩有一點新思維的想法,那麼她就會回到正確的軌道上,儘管她在學習的道路上可能會做出一些不理智的事情。至少,她最終一定會從中獲得成長。

不要因別人的不幸而讓自己的靈魂煩惱!要記住,我們獲得的就是我們吸引到的東西。而那不愉快的經歷傾向於改正錯誤的吸引我們的態度。是母親有意讓女兒開心,還是幫助她令她的朋友開心呢?還是母親只是執意讓女孩和她的夥伴過來,增加母親的快樂,或者家庭的快樂呢?你難道看不見,在後一個案例裡,母親和她的女兒都是一樣的自私嗎?(我的天秤座的小速記員喊道:「天啊!——如果爸爸媽媽和哥哥弟弟們不進來並幫我招待我的朋友們,我真不知道怎麼去應對他們!」)

XXXIII 當你的女兒要求獨立時

XXXIV 與丈夫作對

這是一封來自一個女人的信。她有一個丈夫、一個小男孩和一個麻煩。看起來男孩子喜歡她的媽媽，因為他的父親脾氣暴躁並責罵孩子，有時孩子是不應該被罵的。於是母親安慰男孩，擦乾他的眼淚，把他送回房間並訓斥她的丈夫。提醒他的丈夫，瘋人院裡有一個家醜。如果他不注意的話，會把男孩引向同樣的命運。她的丈夫則回應道：「她老這樣把他當作嬰兒會寵壞孩子的。」當母親把被責罵的十歲孩子從一間房叫到另一間房後，摟著他時，他哭泣道：「哦，媽媽，這次我要死掉了。」

現在這聽上去自然嗎？對於我來說，這是一個來自過去的回聲。所以現在我在那些要家庭和諧的所有母親的面前召開一個會議。我希望所有的父親會過來窺探並聽到我跟他們妻子所說的話。丈夫會和所有的聽眾分享命運，我希望他們可以接受教訓並得到改進。

對每一個對此感興趣的妻子，我會說：

顯然地，你跟你的丈夫處於對立面。他是積極的，粗魯

的；你是多愁善感，消極的。你的男孩會像你。對於男孩來說最大的危險是，你會在錯誤的時間寵壞他。

他需要像一個男人一樣接受沉重的打擊，而不是像一個女人一樣。

在這樣的時候不要同情他！告訴他要振作起來，像一個陸軍少校一樣接受斥責，或者像一個足球運動員一樣接受艱苦的磨練。

要是他的父親有時對他不公平，那該怎麼辦呢？其實每個人都有被不公平對待的時候。但是父親的不公平對待並不是一個男孩可以像一個嬰孩一樣哭泣的藉口。

在這樣的時刻，喚醒男孩的男子氣概，而不是讓他像個女孩一樣。告訴他要融入遊戲，並為他驕傲。

告訴他父親的缺點並沒有比男孩或者她自己的缺點更差。那就是，他們都是不同的。

告訴他，他的父親並不是故意要對他不好或者不公平的，相對她做的更多；他並沒有比任何人更完美。那就是展示在他面前的不完美的某種特定的形式。

告訴孩子，你父親的粗暴無禮是由於缺乏自控能力，而不是他有錯誤的意圖；這就和小男孩哭泣是由於缺乏自我控制一樣。

所以哭泣跟粗暴無禮一樣壞。

所以讓你的男孩鼓起勇氣平靜地接受責罵，沒有任何形式的情緒；如果可能的話，更正他要責罵父親的行為；並盡可能快地忘記這些責罵。

然後在你的想法和談話中幫助他忘記責罵，同時讓他對一些更有價值的事情感興趣。

每一個孩子都需要一個充滿愛和同情的母親。他也需要一個有時會粗暴的父親和一些男孩玩伴。

像你這樣的母親會讓男孩變得溫柔，同時艱難困苦會讓他變得堅強。這跟融化鋼鐵是有所區別的；在多愁善感的性格和其他性格之間有區別，其他性格指那種會把每次的折磨轉變成美好結果的性格。

不要阻擋你的兒子，或者你的女兒接受任何人的沉重打擊。只需要教導他們像一個男人那樣勇敢面對這些打擊。

最後他們會感謝你所做的一切。

當你和你的孩子學習輕視這些不愉快的事情，在父親的心底樹立正確的意圖，你會發現你們衝破了過去的分歧。所以不愉快被消散了，你們相信美好的東西。

XXXIV 與丈夫作對

XXXV　周邊的母親如何為他們和孩子的發展和快樂而相互合作

在你的城市或者小鎮，是不是沒有可以讓你尋找新的想法，進行友好的聊天或者獲得靈感的活動中心呢？如果真的是這樣，你可以建立一個小俱樂部，邀請你附近的鄰居參加。你們一個星期或者兩個星期碰面一次。你們選出一個或兩個成員，剛好足夠來經營這個俱樂部。在一些研究上做決定，在家裡準備功課，然後聚在一起進行討論或者在選定的主題上辯論。沒有別的東西可以這樣照亮你的心靈，將你從你的日常工作中得到分心和休息。

如果你和你的朋友都是有孩子的母親，那麼就選定一個母親作為護理師照顧所有的孩子，當其他母親都去參加俱樂部的時候。讓母親在這種能力中輪流，為他們的孩子創造一個小俱樂部。讓母親們輪流將他們最好的力量貢獻出來，讓孩子們的俱樂部會議跟母親的一樣有利可圖和令人愉快。

母親們應該學會給孩子們講故事，在輪到她的時候，每個母親都應該學會練習她的說故事的能力。然後當下一週孩

XXXV 周邊的母親如何為他們和孩子的發展和快樂而相互合作

子們聚在一起時,在母親告訴他們新的故事前,讓他們複述你上週跟他們講的故事。

讓他們輪流複述故事,所有的孩子幫助去記起那些被忘記的細節。這些練習會在孩子和母親中發展他們的觀察、記憶和表達的能力。

每一個母親都應該對講故事進行研究,那麼他們就可以充分利用每一次和孩子一起的機會。

半數的母親可以在這種方式上很容易地相互合作,讓俱樂部日成為一個值得紀念的日子,一個鼓舞人心的日子,一個可以讓他們和孩子們休息的日子。

在孩子被送到俱樂部前,讓他們吃下足夠的食物。讓每一個母親對另一個母親發出嚴肅的誓言,那就是她不會餵孩子任何東西,除非她被指示這麼做。否則一些母親可能過分慷慨地給其他小孩糖果,那麼他們就可能帶著胃痛進入下一個夜晚。

透過一切手段喚醒你和你的朋友,採取一些方式確保每星期有一天或者兩個出去外面。任何母親和她的孩子總是面對著四道牆,注定要變得扁平、陳腐和無用的。沒有陪伴她自己、她的丈夫和任何人的事情。所以是時候讓她自己掌握日常生活,並組織好它,那麼她就可以有充足的假期和愉悅的組織,可以讓她在她的家事工作中獲得靈感和快樂。

如果沒有有五、六個母親一起在我所概述的計畫中合作，那麼就邀請一兩個鄰近的母親來跟你合作，你們可以每週一次扮演幼兒園老師或者說書人。同時，其他母親就可以跑到森林裡，放一天假，去探訪親友或者聽講座、音樂或者任何他們可以提供給他們自己的活動。

　　每一個女人都可以讓她自己每個星期放一天假，沒有女人是可以這樣做的。如果她願意這麼做，利用她的獨創性，並與其他母親合作，去為自己創造一天可以遠離日常的工作──可以奉獻給身邊隨手可以獲得的資源中產生的新思維。

　　這些時間就是每一個女人可以足夠地貢獻給她自己和她的家庭的時候。當她的丈夫需要一套新衣服，她就會剪羊毛，梳理羊毛，對羊毛進行染色，然後紡布，裁衣，用針線把它們縫好，用十磅重的「鵝」把他壓平，然後再把它呈給丈夫。當她想洗衣服時她就會做。她自己煮飯、製作肥皂、種植蔬菜、醃漬肉和燻火腿。除此之外，她還幫孩子洗澡，餵食他們和照顧他們。

　　如果這不是人類的合作本能，那麼每一個家庭都會繼續執行所有對照顧家庭必要的操作。正因為如此，我們學習去幫助別人並得到他們的幫助。所以我們丈夫的衣服現在是一千個不同的人合作的結果。我們每天吃的麵包也是很多人合作的結果。我們知道，透過合作，我們可以為我們自己和

XXXV 周邊的母親如何為他們和孩子的發展和快樂而相互合作

其他人提供更好、更多的東西。同時，我們減輕很多不必要的工作。

為什麼不把合作這個同樣的原則延伸到照顧我們的孩子、提供我們自己教育、社交和改變中呢？為什麼今天當鄰居的母親出去放鬆時，我不去照顧她的孩子呢？作為回報，當我放假時，她就可以幫我照顧我的孩子？

這些都是很簡單。不需要金錢去做到這一切。只需要將合作的原則延伸出去，那麼這個世界就會變成一個大家庭，而不是一萬個家庭繼續他們原來的生活方式，每一個家庭只關注自身，忽略他們鄰居的需求。

合作是很簡單 —— 只要我們讓愛和耐心在我們自己和鄰居身上表現出來。

我們一直是其中的一員。

「一個巨大的整體的所有部分，包括他們的身體，上帝的靈魂。」

隨著我們意識到這些，我們為了全人類的美好合作在一起。

XXXVI 如何教導孩子金錢的價值觀

下面是一封信的副本,這是一個女人在她的女兒的畢業典禮那天給她的。在她的要求下,我寫了它。

如果她用這些相同的思想帶大她的女兒,這將會是更經濟的。但是這永遠不會太晚去修復她們的關係,畢業典禮比結婚日更好,或者永遠!

這個想法被我認識的其他幾個人使用過,這裡面包括男孩和女孩,而且它工作起來具有很大的魅力。大部分的年輕人在這件事情上只需要一點點方向、一些鼓勵他們實踐和堅持的事情。他們就會從他們做的好的事情中收穫喜悅。

形成了這個習慣後,在管理金錢上就沒有什麼麻煩,那麼你就會擁有一個餘額不斷增加的儲蓄帳戶;除了已經有的管理個人收入和個人自己的固定的滿意度。

在下一章裡,會有第二封信,是這一封信的補充,可以幫助幾個男孩和女孩去獲得他們自己的救助;

XXXVI　如何教導孩子金錢的價值觀

下面是一封已經有標題的信：

寫給瑪麗的

1910 年 6 月 25 日

要想得到幸福美滿的生活，其中要領之一是對於金錢的管理和實踐。並且女孩也需要像男孩一樣要學會。女孩為了學會理財，就必須明確自己的需求，有自己購物的計畫，在需求範圍之外的不能允許，學會理財首先要這樣做。當她年輕，即使犯錯也不至於付出沉重的代價的時候，就要養成這樣的習慣。為此我會祝賀你開始建立你每個月的需求計畫表，並附加一些條件！

為了促進學會合理管理金錢，每六個月，將分期四次在每個月的 1、2、3、4 個星期六檢討一些購物計畫。這會讓你避免在每個月底深陷泥淖，在月初就魯莽亂花錢。

附屬條件：

你是這樣管理你的錢，以保持無債務：你要什麼也不能買直到你手頭有現金來支付全部。

當你需要額外的花費，你應該透過申請更多的計畫。而不是藏起錢來用。你不能抱怨你規劃使用的額度太小了！你應該樹立為了達到計劃使用的額度而高興的觀念，這樣你才能從中學習到東西。當你做到這些的時候，你會發現你所規定的額度會越用越多，但其實你並沒有增加額度。

你規定使用金錢的額度要是必要的花費。這樣會讓你在購買一些奢侈品的時候會多想一想，避免購買不必要的。

　　透過實踐一段時間，你會發現你計劃外額外開銷不會出現兩次，但總是會出現的。額外花費總會出現，但你計劃的花費是有足夠空間給你應變這些突發事情的，不僅不會有債務，而且甚至會有盈餘。如果你能做到，心裡就會得到滿足，且會超過你所有的支出得到的快樂。

　　如果你計劃的花費不能應付你的額外花費，你就不要擴大你的計畫，這樣你用完之後會覺得後悔和不開心。好的金錢管理計畫是需要充分的猜想和思考的，好的計畫要花一週多才能完成！掌握好你的慾望和金錢，你得到的快樂會提高四倍。你的計畫花費外的生活必需品，包括一些針織品（連衣裙、帽子、大衣這些不算），內衣和鞋子也是必須的。

　　從您的生效日期，我會給你的合理的計畫花費。像上面所說的。我答應給你自由使用這些錢，只要你保持在你的合理安排。我也同意讓你了解自己的失誤，並盡可能避免批評，更多的是給你多加使用的限制。每一個女孩都會有犯錯的時候，我會給你從錯誤中學習的機會（學習他們，而你，仍然是年輕，錯誤付出的代價還不是很大，但一會兒也許會變大）。

　　如果在六個月結束時，你已成功管理好你的錢，保持在計畫內使用錢，同時尋找到生活必需和不必需的花費。那我

會增加零用錢,讓你自由使用。並且,我會在每個月初一次性給你,而不是分四次給。

簽署 _____

XXXVII　怎樣教你的孩子節約金錢（續章）

上一節內容是我給一位在畢業典禮上的年輕女孩寫的一封信。為了更好的了解這一段的內涵，請在閱讀此段的時候連結到上一封信的內容，因為下一段的內容是關於第二封信的，兩封信是緊密聯繫的。

下面是第二封信：

寫給瑪麗的

1910 年 6 月 25 日

相信任何一個人的收入，無論它可能是什麼，除非每個月顯示儲蓄帳戶的增加，不然，是不可能管理好的。同時，我希望你明白，我是很想你管好你的錢。所以，你會在未來生活中得到和平與幸福，因為你善於管理你的收入。

因此，我決定告訴你省錢的奧祕 —— 定期津貼。

奧祕是這樣的：

首先，在每一年開始的時候，你會根據各項津貼補助安

XXXVII 怎樣教你的孩子節約金錢（續章）

排生活。同時，你要向我出示一個儲蓄帳戶，帳戶金額等於一年津貼的10%。另外，我會給你一張二十五美元的現金，你可以用於補貼額外的任何用途。那筆相當於津貼10%的存款不可因你的親戚或朋友的資助而增加。

其次，如果在一年結束的時候，你能明確宣告，這一年你不會有任何債務，也沒有對津貼的不滿，並能使那個銀行帳戶金額至少提高到一年所有津貼15%。我會給你一張五十美元的現金，你可以用於任何用途。想讓大家明白，節省金錢只是在必要時作為支付絕對生活必需品的帳單。

下面一個將幫助你有效管理帳戶的小辦法。

當你在開始實施省錢帳戶計畫的第一個星期或第一個月，你要將津貼分為四部分進行考慮。

首先，為絕對必需品的花費預留一筆金錢。

第二，預留款項，用於增加你的儲蓄帳戶。

第三，預留一筆金錢，用於意想不到的事情，它可能會出現在你下一個發薪日的時候，例如訪問或接待，慈善等額外費用。

這種方法會讓你花去當月四分之一的金錢收入，因此，你會在下一個發薪日來臨之前，認真考慮那些不必要的花費，以防你的帳戶在下一個發薪日之前用完。

在下一個發薪日來臨之前，不要為意外的花費錯誤侵占你的基金。當你把當月預留下來的零用錢累積下來，你可以用它新增到你的剩餘資金，用於意想不到非必需品。因此，在下一個發薪日前，你可以有一點點額外的花費。

　　這樣練習幾週或幾個月後，你會發現自己陷入對金錢管理的精神權力感和自我控制的徹底享受中，以便在任何時候遇上任何意外的事情，都有充足的準備。此外，還有一個穩步增長的儲蓄帳戶。

　　以後你會發現自己會不知不覺地將收入進行分割，這樣金錢永遠不會短缺，永遠會有一個越來越多的儲蓄帳戶。直到這成為一個習慣，你會發現有必要使金錢的劃分成為一種宗教信仰。只有這樣，你才能使它成為快速成長的習慣和滿意的習慣。

　　在一年結束時，如果我發現你能夠很好地管理你的零用錢，我會交給你更多的零用錢購買你需要的東西。我願意給予你更多的零用錢以支付你想購買的東西，但我並不是非常放心。直到有一天，我相信你真的可以從管理帳戶中取得幸福和快樂。那一天，我知道，就算我增加你的零用錢，把責任全部交給你，你還是可以更好的管理你的零用錢。

　　有一天你肯定是要結婚的！記住，這個學習管理收入的問題將至少消除百分之五十你們夫妻之間摩擦的機會。所以做一個能夠成功管理金錢的人，這樣才能幫助你建立一個所

XXXVII 怎樣教你的孩子節約金錢（續章）

有女孩都希望的和諧家庭。但是，與建立一個理想的家庭所需要的滿意度和管理的能力相比，那些能為你的家庭累積金錢的儲蓄能力只是九牛一毛。

簽署 _____

XXXVIII 關於結婚和離婚的看法

　　新的想法會讓每個人有他自己的權威。因此，對於婚姻來說，每個人都要獨立的承擔風險，才能表達自己新的思想理念。這裡，我很樂於分享我個人的想法，相信與大部分人的新思路會不謀而合。

　　我們堅信兩性是神聖的，在每個創造物當中，固有在每個生命體，每個由原子構成的生物體，始終是，和以往任何時候都將表現在許多方面，根據個人的發展階段，其表達——而不是它的性格——會改變與使個體進步。

　　兩性的表達，在人類歷史上是一本開啟的書——它透過事物是看不透的。能純粹的猜測和預言未來將會什麼形式的兩性表達。

　　新的思想肯定的演進，因此它對傳統婚姻的未來不加信任，它是符合發展和持續的觀點。

　　耶穌說：在天上有沒有結婚，表明他認為婚姻法一個臨時的、最終會被超越取締的過程。 這看起來好像他認為這種管制是必要的，對於那些冷酷無情，還沒有進化的人性，只

XXXVIII 關於結婚和離婚的看法

能透過法律的途徑,以保護兒童和母親。

不關男人和女人,都應該堅信付出無小事的精神。否則,社會就要承擔責任了。所以社會需要規定結婚的夫婦,丈夫必須提供妻子和孩子生活費。只要我們的財富不均等,我們就必須在婚姻法裡面強行規定父親就要去工作養家。當我們最終到了財富均等的共產社會,經濟上就沒有壓力了,我們就不需要在婚姻法上規定夫妻之間必須保持婚姻關係了。同樣地就沒有骯髒的房屋和流離不定醉醺醺的男人,女人就不會拋棄和自殺了。

缺乏金錢是導致家庭不和諧與離婚的 50% 根源。另外 50% 的根源是,生活指標要跟鄰居的生活進行比較,要比鄰居的高。

深思了,你會發現,離婚無非都是源自於這兩點。

新人類的理想想法是,人與人之間沒區別,人與人之間一定會財富平等,教育平等,男女老少平等。沒有貧窮和飢餓折磨身軀和靈魂,並且沒有虛偽的生活標準讓人過度追求。愛會找到自由和持久永恆。

是愛讓人們結婚。當愛已飛逝的時候,男人和女人並不會因為責任或經濟需求而被束縛。

幸福婚姻的祕訣是永恆的求愛,愛在追求中成長,在疏忽中死亡。

目前，我們忙於愛，我們分開去追求我們的金錢，地位，慾望。漸漸地就會真正的分開，記錄離婚在我們的戶口名簿上。

在追求名利的過程中，我們停一停去思考一下什麼是理想的持久的婚姻。當我們選擇了所愛的人結婚，我們就必須要在婚姻失敗的時候，接受失敗，給雙方一個新的選擇。

離婚是婚姻的破產：是一個拯救生活的時機，而不是信用的標記。

讓離婚變得困難的是大筆的贍養費，社會是沒有人給你買單的。

老實說，當離婚是不可避免的，是一種福。

在千百次的祝福下，婚姻隨著歲月變得美滿持久，是一種福。

如果能處理得好，誰會選擇前者？沒有人。

社會甚至會寬恕幾次的離婚，直到我們真正理解什麼是理想的婚姻。

當耶穌被指控不守安息日的時候他說：人不是為守安息而生，而是安息日為人而生。

所以新思想是確實與所有法律，規章制度包括婚姻，都是緊緊相連的。

XXXVIII 關於結婚和離婚的看法

為什麼男人需要法律的約束才去珍愛自己的妻子和孩子？這是因為他們鐵血心腸或者思想不正，或因為經濟因素強於他們的慾望和力量。

為什麼教會要堅持婚姻服務的神聖性？因為他們認為人性本來是冷酷無情的。所以他們認為家庭即使在感情不合的時候也能保持關係：人是為了結婚而結婚。教會是這麼認為的。

新思想認為婚姻是為了讓男人監護與保護妻子和孩子而建立；給予女人投票權和平等的賺錢能力並，且婚姻約束會促使雙方去執行監護孩子的責任。

教會堅持著傳統的想法。他們沒有意識到一個整體的更有智慧的，更高尚的和更合理的婚姻法律正在形成當中。

新思想肯定每個人都有按照自己的良心使然建立或打破婚姻的權利。換句話說，每個人按照他的想法去做會變得更好，這不會導致所有的靈魂精神都一樣，也不會出現兩個相同的靈魂，即使在類似的條件之下。

老教會的思想認為婚姻是上帝安排的。

新思想認為真正的結婚和離婚都是個人的思想決定的。在教會的祝福之下宣告結婚，並且在政府登記結婚。而對於離婚，教會是宣稱這是不符合道德的，需要被詛咒的。但是政府認為離婚是一個合法的過程。

新思想同樣地支持服從你國家的法律——「凡是掌權的

都是神所命的」，直到國家滅亡為止。

我們注意到神透過委託人來告訴大家，要改變法律去滿足新的改變，先進的思想家們在每個時代都推動著法律的進步。

我們同樣發現，保守黨派和神職人員是一直堅持反對改變傳統的。

簡單概括，新的思想我認為它代表了以下幾方面：

真正的婚姻，男人和女人之間的愛情。

完善婚姻的法律儀式和公眾紀錄。

珍惜婚姻永恆的求愛，與統一性的理想，獻身相互高的目的。

當上帝覺得讓男人與女人分開的時候，一方或雙方就已經對對方失去了愛。

離婚的允許是建立在任意一方的申請，因為雙方已經不相協調。

授予申請離婚後，法院盡快妥善保管，對未成年子女的關懷和支持是有保證的。

結婚和離婚的法律規定必須同時存在。並不是因為人在紙上簽字了就是真正的結婚了或者真正離婚了，而是因為社會賦予權利，讓他們明白對對方忠誠是至關重要的，並且每個人的品格和靈魂都必須忠誠，與社會風氣相一致。

XXXVIII　關於結婚和離婚的看法

　　婚姻法是男人們為了自己便利而編寫的。他習慣於擁有女人，如果女人不聽話，就要讓女人為生活乞求，讓她們挨餓，讓她們受恥辱指責。為了鞏固對女人的控制，他們有所謂的「君子協定」，沒有人會包容或者娶一個曾經被拋棄的女人—— 就像老馬一樣沒有人會要。違抗命令的女人在過去兩千多年就這樣被壓迫、被輕蔑和恥辱。這就是所謂的「傳統」。這就是所謂的「法律」。這樣，一個虔誠但懷恨在心的男人可以在某個早上滿腹正義說被他趕走的女人在他門前餓死了，這是「上帝的憤怒」所懲罰「一個犯罪的人」的結果。

　　當耶穌來告訴這些假裝聖潔的老偽君子，以這些理由而「趕走」女人並且不簽訂離婚協議就是一種犯罪。離婚協議可以讓她得到跟一個想跟她結婚和支持她的男人的機會。沒有這協議的簽訂，不會有「要面子的」男人願意跟她結婚。她還會被指責是有私通或者賣淫於一身的不道德行為。認真地閱讀一下，根據過去的傳統規定，你會發現耶穌沒有在任何地方說過甚至暗示過，任何被丈夫拋棄或妻子離開丈夫或者再婚是一種錯誤，除了那些趕走自己的女人，讓她們挨餓，又不簽訂離婚協議的做法。

　　是的，耶穌說過「如果是因為犯通姦的錯誤而被男人趕走的女人，會被標記為姦婦。但是如果合法再婚之後，這個標記就結束了」。這等同於說一個男人跟一個合法離婚的女人結婚，

他們都不會是被認為通姦。這是耶穌所要表達的真正意思。

　　通姦行為在聖經上的定義是一種情慾的不安分，一個男人和一個她沒娶為妻子的女人有不安分的行為。這樣是定義為通姦，無論她是不是被認為「有罪」。──引自學者韋伯斯特原話。

　　耶穌是想這樣：如果一個女人喜歡另外一個男人，就跟她離婚，讓她不會被認為是通姦。讓她合法的跟別的男人在一起。研究衍生出來通姦的意思：一樣是通姦──如果一個女人跟兩個男人保持性關係的話，她就是個蕩婦。如果你是這女人的丈夫，那你一定要合法地跟她離婚。但是沒有任何理由趕走你的妻子，如果他是忠誠於你的。你也不會發現耶穌暗示過，如果你妻子沒有權利在任何時間情況下都不可以離開你，或者會被認為是蕩婦，在你合法跟她離婚之後。

　　為什麼耶穌只告訴男人，而不是其他人？因為男人必須對女人負責任。如果是別人合法的妻子，那她就不可能得到別人的幫助，也不可能離開她的男人，除非在一起的代價是致命的。但是男人卻可以把一個女人拋棄，因為有了第三者。所以耶穌規定男人們不可以趕走自己妻子，除非妻子自願離開，並且需要合法地離婚讓她離開：不然這男人就比通姦更嚴重，他是通姦行為的製造者。耶穌是對那些強迫趕走自己妻子的男人說的，不是那些合法程序跟妻子離婚的男人。

XXXVIII　關於結婚和離婚的看法

結婚證書和離婚協議僅僅是法律的書面記錄，證明兩個人相互忠誠。相互忠誠是一件重要的事情，透過合法的方式宣布可以讓他們的思想被鎖定。結婚證書和結婚典禮，離婚協議和離婚儀式也是這樣的作用。

結婚證書宣布了雙方的關係，並且讓別人尊重他們的關係。這會讓大家免去對已婚人士的誤會和不必要。離婚協議宣布雙方關係的斷絕，讓對方自由去尋找新的伴侶。忠誠需要透過這些關鍵的法律程序來保障和證明。

男人或女人如果隱藏他們結婚或離婚的事實這就是欺騙的行為，首先，他就欺騙了自己，然後欺騙其他人，是大錯特錯。如果他們離婚了，但是拒絕去辦理離婚手續，對於別人來說，也是一種欺騙，除了那些為了照顧小孩子而不得不在一起的。我就有聽說過有一個女人為了取得男人給孩子的贍養費而拒絕去辦理離婚手續的。

噢，不，那不會讓離婚增加，那會阻止發生。那是雙方關係確定的繫帶，任何東西都是有傷痛組成的。讓男人和妻子暫停他們不需要的關係，他們只會受到輕傷。我們不用強迫斷除之前的關係，以為我們可以自動解開的。我們不會介意如果他們又相互吸引，如果是出自於自由的。

回顧歷史，環顧我的熟人和親密的家庭和生活，根據我的個人經驗，引起的思想，情感，本能是直覺，內外的刺

激，我得出的結論是：真正的一夫一妻制是一種理想的靈魂束縛，那是女人無論如何都要追求的，不管是有水準還是沒水準的，信基督與否，好人還是壞人，方法論者，無神論者，一夫多妻主義者。一個真正的關係是要永恆的，是每個靈魂的本質的需求，這和不朽的宣告一樣無法證實的。當你找到你合適的婚姻，法律就會滿足你，但並不代表你真正的需要，沒有人能懷疑，或者解析婚姻的真正意義。他也知道這要請教神靈，問別人也是不會知道和明白的。

繁育下一代的需求，是天賦的，比任何的文明本身更強烈，比道德、法律更強烈，這是人的本能需求。

前幾年著名的新英格蘭主教曾經提出反對離婚論。人們結婚就必須保持結婚不管情況如何。但是好的教主還是不得不為了他的教員好，而不聽他的高談闊論，幫助教員去辦理離婚儀式。無論怎樣，這也許會讓他從那些離婚的案例中領悟出上帝的真諦。

這讓我想起了一個聰明的艾拉·惠勒·威爾考克斯說的，一生中離婚一次可能是不幸的，但離幾次的話就是一個壞習慣！他還說，或者存在一種比離婚還更可恥的事情，比如家庭暴力。

我聽說有一個不完美的婚姻，他們和睦生活了五十年，最後離婚收場。透過廣泛的觀察其他婚姻，高興與不高興，

XXXVIII 關於結婚和離婚的看法

　　我總結出來，幸福的婚姻需要在最初，由雙方父母同意。幸福的婚姻基礎是相互尊重對方的意願。幸福婚姻的絆腳石是女人對要改變她男人的慾望，或者是男人要改變他女人的慾望，或兩者兼有之。如果一個孩子是在尊重別人意願，期望，喜好的長大，那他也不會在結婚後，不尊重別人的意願。

　　所以，幸福的婚姻，首要的是要挑選出合適的人，一個人可以徹底地尊重自己的，一個同意你的理想和目的，而不是對抗你的「想法」的人。

　　丈夫和妻子之間應該首先要領悟到，需要團結一致，不需要絕對的自由。整體而言，愛會超越所有的缺點。

XXXIX　偽善者和離婚

沒有人能取悅每一個人,甚至是很多人。為什麼不試試?

最好的靈魂就是做取悅自己的靈魂,只有這樣,你才能在生命中每一個緊急的時候,它還是可以完全認可自己的行動。

隱藏的離婚就是努力對人的性格和連繫的隱藏。

隱藏意味著在華麗的禮服內的髒內衣;意味著為了顯示給社會看而搶劫自己和孩子的生活必需品;意味著假裝你什麼都不是。總之,在任何事情上你都是偽君子,那是該死的,那是在貶低你自己的靈魂。你的鄰居也會絲毫不差認為是這樣的。那麼你還能在這個世界上有所作為嗎?

在實現欲望的路途上成為彎腰奉承的你。這是真正的和持久的懲罰。如果你知道你是對的,如果你符合每一個有權行使決定永久喜歡你的人的行為方式,你會一直走,自由的走,就像神一樣。你的靈魂會在宣告你不是不受歡迎的,你也不是自己靈魂的對立面。輿論的漩渦海浪也動搖不了你。你要尊重你自己,因此,海浪會在適當的時候自然消失。那時候,人們就會真正了解你,不是那個他們曾經以為的你。

XXXIX 偽善者和離婚

真理就是如果你要平靜地走,並且讓自己按照著靈魂的指導去走。

那些對受歡迎的人的譴責,並不是對於他們離婚本身的譴責,而是對詭計的譴責。流行偶像經常處於這種情況下。儘管人類的本性可能喜歡被它鄙視騙子所欺騙。

每個人都有偶像。許多人希望他的偶像只有一段婚姻,並不是失敗的婚姻。這才能讓他們更認同偶像。

但大多數人還帶著對偶像廣大的寬容,使他們至少寬恕對離婚的冒犯,如果是因為合理的原因而導致離婚的。

但沒人願意擁抱一個騙子,儘管他經過了很多練習。如果對於離婚,你是真誠的和有著勇敢的信念的;如果你對於生活是謙虛的,沒有隱瞞的。那麼,你最終還是會得到原諒的,即使鄰居們還認為你在這件事情上還是有過錯。最終,你的過錯還是會被完全遺忘的,除非有人是由於自私的原因而離婚的。

瑪麗太太就是一個例子。幾乎沒有人記得她曾經離過婚,除了一些針對她的陰謀者。當有關於她離婚的謠言再次發生時,她仍有成千上萬的追隨者對她保持肯定。

亨利·沃德·比徹(Henry Ward Beecher)是另一個例子,世界上所有的人對他的譴責遠遠超於對於離婚本身的譴責。「活下來」對於他來說,相當於完成一份偉大的工作。他的「人

氣」經歷了一段時間的考驗，但從這一切反而成就了他成為一個更多人深入尊敬的公共人物，基於人們對於他證明了自己的怎樣的一個人的認識。今天，大多數人相信比徹是無辜的。

「人氣」其實是基於一個膚淺的認識。當一個聰明和不認識的漂亮女孩走進一個新社區的時候，她立刻被接受了，她無疑是受歡迎的。受歡迎的價值展現在哪裡呢？它的價值猜想僅僅只有女孩能擁有的好時光，並透過當地的年輕人的邀請而展現出來。

但讓她留在社區並在經過了鄰居的多年證明後，公眾對她的認識會慢慢的加深，並且是真正的認識，而不是單純的受歡迎。這是一個穩定的認識，其根源在她的存在，它不會因謠言而動搖。如果她成功了，她的「人氣」就是真正的友誼，一切在於她誠實地顯示自己。如果她不成功，或者她是不穩定的，騙人的，不可靠的，不友善的，那麼她不再受歡迎了，並會被譴責。如果她依然重視那種膚淺的愛歡迎的話，她就不得不搬遷到其他社區，她會再一次由於虛偽的表面形象而再次受歡迎，再一次由於表面的歡迎而得以隱藏。

不要認為世界不會原諒離婚。它會的。那些最了解你的人會原諒你做任何事情，最終，整個世界都會認識你。因為，沒有什麼事情可以永久地被隱藏，永遠不被發現。了解一切就能寬恕一切。

國家圖書館出版品預行編目資料

新思維 X 新生活，重新定義愛與理解：擺脫情緒束縛，化解衝突，開啟成功及幸福的新篇章 / [美] 伊莉莎白・湯（Elizabeth Towne） 著，孔謐 譯 . -- 第一版 . -- 臺北市：崧燁文化事業有限公司 , 2024.09
面；　公分
POD 版
譯　自：How to use new thought in home life.
ISBN 978-626-394-804-4(平裝)
1.CST: 家庭關係 2.CST: 家庭溝通 3.CST: 家庭心理學
544.1　　　　113012840

新思維 X 新生活，重新定義愛與理解：擺脫情緒束縛，化解衝突，開啟成功與幸福的新篇章

臉書

作　　　者：[美] 伊莉莎白・湯（Elizabeth Towne）
翻　　　譯：孔謐
發　行　人：黃振庭
出　版　者：崧燁文化事業有限公司
發　行　者：崧燁文化事業有限公司
E - m a i l：sonbookservice@gmail.com
粉　絲　頁：https://www.facebook.com/sonbookss/
網　　　址：https://sonbook.net/
地　　　址：台北市中正區重慶南路一段 61 號 8 樓
8F., No.61, Sec. 1, Chongqing S. Rd., Zhongzheng Dist., Taipei City 100, Taiwan
電　　　話：(02) 2370-3310　　　傳　　真：(02) 2388-1990
印　　　刷：京峯數位服務有限公司
律師顧問：廣華律師事務所 張珮琦律師

-版權聲明 ─────────────

本書版權為出版策劃人：孔寧所有授權崧博出版事業有限公司獨家發行電子書及繁體書繁體字版。若有其他相關權利及授權需求請與本公司聯繫。
未經書面許可，不得複製、發行。

定　　價：299 元
發行日期：2024 年 09 月第一版
◎本書以 POD 印製
Design Assets from Freepik.com